Jutta Goetze

Wenn Delfine tanzen

Aus dem Englischen von
Petra Golisch und Bernhard Wolff

Illustriert von Sabine Scholbeck

Hase und Igel®

9
Wenn Delfine tanzen

Ungekürzte und einmalige Sonderausgabe des gleichnamigen Titels
im Programm der Hase und Igel Schulausgaben,
ISBN 978-3-86760-049-1

Für Lehrkräfte gibt es dazu ausführliches Begleitmaterial:
Petra Golisch, Materialien und Kopiervorlagen zu
Jutta Goetze, Wenn Delfine tanzen
52 Seiten / Kopiervorlagen A4
ISBN 978-3-86760-349-2

Die Originalausgabe erschien 2000 unter dem Titel „Dolphins Dance“
bei Black Dog Books Ltd., Fitzroy Vic, Australia

Die Übersetzung erfolgte unter Beratung von Dr. Nicosia Nieß, Vorsitzende
des Landesverbandes „Hilfe für das autistische Kind e. V.“ in Bayern.

www.hase-und-igel.de
Lektorat: Monika Burger/Petra Klüners
Druck: CPI – Ebner & Spiegel, Ulm

Best.-Nr. 5298-9

Inhalt

1. Kapitel
Mein Bruder Max

Oh nein! Nicht schon wieder! Max hat keine Kleider an. Noch vor einer Minute hatte er welche an. Jetzt nicht mehr. Jetzt hat er gar nichts mehr an. Er ist bloß ein weißes Knäuel mit Armen und Beinen, das lachend davonläuft.

Ich renne auch. Ich muss rennen. Mama kann nicht, sie ist 35 und sagt, sie packt's nicht mehr. Außerdem trägt sie zu viele Einkaufstüten und dann hat sie ja auch noch Jake. Der ist erst zwei.

„Beeil dich, Ali! Lass ihn nicht abhauen!", schreit Mama uns nach. Wir rasen durch den Park inmitten unserer Stadt. Ich keuche, aber ich gebe nicht auf. Wenn es in der Schule einen „Max-Marathon" gäbe, würde ich den sicher gewinnen.

„Max, komm zurück!", brülle ich, aber Max rennt nur noch schneller. Er mag es, wenn ich hinter ihm herlaufe.

Dann rutsche ich aus bei dem Versuch, seine Socken, sein T-Shirt und seine Schuhe aufzuheben. Der Boden ist klatschnass, weil die Rasensprenger zischend Wasser versprühen, und auch ich werde von oben bis unten nass.

Kinder auf Rollerblades zeigen mit den Fingern auf uns, als Max vorbeiflitzt. Ich kann regelrecht spüren, wie sie unter ihren Schirmkappen hervorlugen und uns beobachten.

„Da ist wieder dieser Junge." Das ist Jason Brown. Er schnaubt verächtlich und zeigt auf Max. „Das ist vielleicht ein Blödmann."

„Blödmann! Blödmann!", stimmen die anderen Kinder ein. Ich möchte schreien: „Das ist kein Blödmann, das ist mein Bruder." Aber inzwischen ist Max verschwunden und ich darf ihn jetzt auf keinen Fall aus den Augen verlieren. Also lege ich einen Zahn zu und verschwinde auch.

Als ich ihn endlich einhole, schnaufen wir beide wie Dampfloks. Max mag es nicht, wenn man ihn einholt. Die Jagd ist am Ende – und er ist es auch. Max macht sich steif wie ein Brett und dreht seinen Kopf weg. Auch sein Rücken ist steif. Seine Arme auch. Sogar sein Gesicht ist steif. Man kann ihn kaum festhalten und er lässt nicht zu, dass ich ihm das T-Shirt über den Kopf ziehe. Er will seine Kleider nicht. Er will nicht, dass ich in seiner Nähe bin.

„Ham ham pi pi", sagt Max. „Ham ham pi pi."

Immer wieder. Dabei streckt er seine Finger in die Luft. Sie sind ganz verkrampft. Er blickt nach oben und schaut etwas an, das ich nicht sehen kann.

Sobald ich seine Arme herunterziehe, gehen sie wieder hoch, vor seine Augen. Max schaut das Muster des Sonnenlichts zwischen seinen Fingern an. Etwas anderes sieht er nicht mehr.

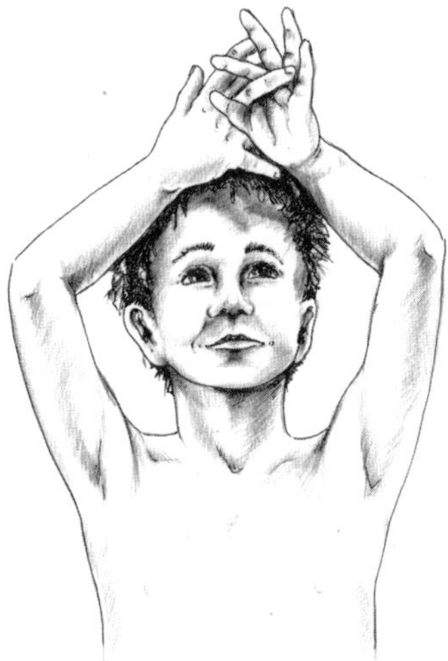

Die anderen Kinder folgen uns. Sie sind von meiner Schule. Nicht alle von ihnen wussten von Max, aber jetzt wissen sie es. Bald wird es jeder in unserer Stadt wissen, so klein wie sie ist.

Manchmal wünsche ich mir, wir würden nicht in so einer kleinen Stadt wohnen. Ich wünsche mir, Mama und Papa, Max, Jake und ich würden irgendwo ganz weit draußen wohnen – und keiner würde uns, und schon gar nicht Max, kennen.

„Kann der sich nicht selber anziehen?“ Blöde Frage Nummer eins, von Großmaul Jason Brown.

Ich habe nicht den Nerv ihm zu erklären, dass Max Anziehsachen hasst. Kleidung stört ihn auf der Haut. Er hasst Krägen und er hasst Ärmel an seinem Handgelenk. Aber am meisten hasst er Schuhe.

„Und du bist wohl seine Mami, Ali?“ Dieser Jason Brown merkt einfach nicht, wann es genug ist. Nur weil er einen Ohrring trägt, meint er, er sei cool.

„Zieh deinen Kopf ein, du Idiot“, sagt Tanique, aber Jason Brown hört gar nicht hin. Tanique lacht nicht, wie die anderen Kinder. Ihr Gesicht ist ernst. Sie weiß, was ich gerade durchmache, denn sie ist meine beste Freundin, seit der ersten Klasse. Aber es gibt da ein Problem: Jason und Tanique sind Zwillinge. Tanique ist meine beste Freundin und Jason ist mein ärgster Feind.

„Ich bin kein Idiot, sondern *er*!“ Jason starrt Max an und Max heult, weil er es hasst, angestarrt zu werden.

„Kommt, wir gehen!“, sagt Tanique und versucht die anderen Kinder dazu zu bringen weiterzugehen, aber keiner hört auf sie. Sie haben keine Ahnung, wie ernst das ist, wenn Max so drauf ist wie jetzt. Ich versuche nochmal, ihm das T-Shirt über den Kopf zu ziehen, aber Max wehrt sich. Er schreit und tritt. Die Kinder weichen zurück und kriegen ein bisschen Angst.

„Ich wette, der pisst noch in die Hose. Wenn er überhaupt eine anhat." Jason Brown findet sich sehr komisch.

„Das ist kein Witz, Jason." Ich merke, wie ich knallrot im Gesicht werde. Gerade will ich ihm sagen, dass er Leine ziehen soll, und zwar für immer, doch da vergesse ich ihn und alles andere um mich herum. Max lässt die Mundwinkel runterfallen und ich weiß, was als Nächstes passieren wird.

Und dann sage ich es. Das N-Wort. Das Wort, das Max am allermeisten auf der ganzen Welt hasst.

„NICHT!"

Max hält sofort inne, als ob ich ihn mit meiner Stimme ins Gesicht geschlagen hätte. Sein Brustkorb hebt und senkt sich. Er beginnt wie eine Feuersirene zu heulen, lauter und lauter, und hört einfach nicht mehr auf. Seine Augen tränen, seine Nase tropft und aus seinem Mund fließt Spucke. Er hält sich die Ohren zu, kneift seine Augen zusammen, und seine Stimme ist jetzt nur noch ein Brüllen.

„Ist doch schon gut, Max." Ich versuche, seine Sirenenstimme zu übertönen und gleichzeitig ruhig zu klingen, genauso wie Mama es mir für solche Notfälle geraten hat.

„Komm schon, Max", versucht es auch Tanique. „Keiner tut dir was!" Aber Max hört gar nicht zu.

„Max, schau mich an!" Ich packe ihn am Kinn und drehe sein Gesicht zu mir, so wie Mama und Papa es machen, wenn sie möchten, dass er ihnen zuhört.

„Hör auf zu weinen!" Ich spreche langsam und deutlich, aber er scheint es nicht zu verstehen und ich kriege allmählich Angst. „Max, hör auf ... bitte!"

„So ein Bekloppter", ruft Jason Brown, aber wenigstens bleibt er, wo er ist. Max wendet sich von mir ab und rollt sich ganz klein zu einer Kugel zusammen und schluchzt, was das Zeug hält.

„Max?" Endlich kommt Mama angelaufen. „Ich dachte schon, ich hätte euch verloren. Ich hatte solche Angst." Sie drückt mir Jake in die Arme und beugt sich über Max.

„Schon in Ordnung. Ich kann gut allein auf ihn aufpassen", sage ich zu Mama, aber insgeheim bin ich sehr erleichtert. Dann verpasse ich Jason Brown einen Schubs, denn solange Mama hier ist, kann er mich nicht zurückschubsen.

„Dein Bruder ist ein Außerirdischer", flüstert er boshaft. „E.T.! E.T.!", singt er, bevor er sich aus dem Staub macht.

„Ali, wir gehen Pizza essen bei Luke", sagt Tanique. „Kommst du mit?" Luke ist ein Klassenkamerad von uns und seinem Vater gehört die Pizzeria in der Hauptstraße.

„Ich muss meiner Mutter helfen“, seufze ich.

„Okay. Wir sehn uns.“ Tanique ist enttäuscht.

Ich sehe die anderen weggehen. Ich mag Pizza und würde gern mitgehen. Aber ich würde auch Jason Brown gern eine dafür reinhauen, dass er gelacht hat, also ist es wohl für alle besser, dass ich nicht mitkommen kann.

Mama und ich müssen warten, bis Max' Wutanfall vorbei ist. Mama redet pausenlos auf ihn ein, sagt ihm, dass alles in Ordnung ist und dass er keine Angst haben muss. Als er wieder seine Finger anstarrt und nur noch ein Naseschniefen zu hören ist, zieht Mama ihn schnell an, packt ihn an der Hand und wir gehen zurück zum Auto.

Am Fußgängerüberweg gibt es Schwierigkeiten, weil Max die Straße nicht überqueren will. Er überquert sie nur dann, wenn die Schülerlotsin da ist, aber die ist jetzt nicht da, weil wir Schulferien haben, und sie auch. Mama muss ihn schieben und ziehen und da verliere ich die Geduld und schreie: „Max! Beweg dich!“

„Der arme kleine Junge!“ Die Leute starren uns an. Ich strecke die Zunge raus, jetzt glotzen sie mich an.

„Ali!“ Mamas Stimme klingt ärgerlich. Wenn wir zu Hause sind, hält sie mir bestimmt einen Vortrag über gutes Benehmen.

2. Kapitel: Wenn ich einen Wunsch frei hätte …

Ich könnte Max umbringen. Ja, wirklich, das könnte ich!

Nur ein paar Sekunden habe ich die schon fertigen Blätter für mein Ferienprojekt allein gelassen. Sie lagen auf meinem Schreibtisch, als ich mir was zu trinken geholt habe. Jetzt liegen sie in Fetzen auf dem Boden und Max läuft mit ausgebreiteten Armen im Zimmer herum, als ob er ein Flugzeug wäre.

Dabei habe ich mir so viel Mühe gegeben. Unsere Lehrerin, Ms Mack, hat uns über die Sommerferien einen Beobachtungsauftrag gegeben: Jeden Abend sollen wir uns die Sterne ansehen und so viel wie möglich über sie herausfinden. Ich habe Stunden damit verbracht, Bilder zu zeichnen: von der Sonne, dem Mond und der Erde und all den anderen Planeten. Ich habe herausgefunden, wie die Planeten um die Sonne kreisen, wie Sonnengase ausgestoßen werden und wie das Sonnenlicht den weiten Weg zur Erde findet und hier mein Gesicht wärmt. Die Sonne ist 150 Millionen Kilometer von der Erde entfernt. Das ist genauso weit, wie ich mir Max im Moment weg wünsche.

„Max! Was hast du da getan?" Ich schreie ihn an, obwohl er nicht antworten kann. Ich versuche, die Überreste meiner Arbeit aufzuheben, aber Max lässt mich nicht. Unsere Füße wirbeln die Papierfetzen auf und erzeugen auf dem Teppich einen Schneesturm. Max fängt an zu weinen. Er weint immer, wenn jemand versucht, ihn von etwas abzuhalten. Er möchte einfach nur sein Muster zurückhaben, damit er es stundenlang anstarren kann.

Max liebt Muster. Manchmal reißt er von Mamas Blumen die Köpfe ab, legt sie ordentlich auf die

Wiese, starrt sie an und sieht nichts anderes mehr. Er wird richtig sauer, wenn Mama ihn zum Essen reinruft. Das ist nicht fair! Immer darf Max sich seine Wutausbrüche erlauben. Ich darf das nicht. Ich darf noch nicht mal widersprechen.

„Du bist ein böser Junge, Max. Mamas Blumen waren so schön und jetzt gehen sie kaputt!“ Ich schreie ihn an.

Mama ermahnt mich, leiser zu sprechen. Sie sagt, eine junge Dame schreit nicht herum wie eine wilde Horde. Und Max schaut weiter die Blumen an. Papa sagt, Max weiß nicht, was eine Blume ist. Er hat keine Ahnung, wie Blumen wachsen. Er weiß nur, dass Blütenblätter perfekte Muster ergeben.

Manchmal schlage ich Max. Ich weiß, dass ich das nicht sollte, aber ich werde so wütend. Dauernd macht er meine Sachen kaputt. Warum kann er nicht seine eigenen Sachen zerreißen? Oder Papas Zeitung? Oder das Einwickelpapier vom Metzger, das Mama uns zum Malen gibt? Warum müssen es immer die Sachen sein, die mir wichtig sind?

Wenn ich ihn haue, kreischt Max, als ob er mich zum ersten Mal sehen würde und nicht wüsste, was ich hier zu suchen habe. Sofort tut er mir leid, aber dann ist es schon zu spät. Max weint und heult und seine Tränen machen mich traurig. Und dann auch wieder sauer, denn als Nächstes fängt er an zu schreien, nicht mit Worten, aber mit seiner Stimme, nur mit Lauten. Am liebsten würde ich dann auch weinen, aber das tue ich nie.

„Hör auf! Hau ab! Das ist mein Zimmer." Ich schreie jetzt. Dadurch weint Max nur noch lauter. Er will, dass ich die Papierstreifen wieder genau so hinlege, wie sie waren. Ich soll ihn einfach in Ruhe lassen.

Plötzlich ist Mama da, und dann auch Papa. Sie reden sanft auf Max ein, versuchen ihn zu beruhigen, aber Max lässt sich nicht beruhigen.

„Er denkt nicht so wie wir", sagt Mama. „Das weißt du, Ali." Ihre Stimme ist immer sanft, wenn

Max in der Nähe ist. „Na komm, Max." Aber Max kreischt einfach nur. Mamas Gesichtsausdruck wird müde und traurig. Sie wirft Papa ihren „Was-machen-wir-bloß?"-Blick zu.

„Er kriegt sich schon wieder ein", sagt Papa. Manchmal denke ich, meine Eltern werden wütend auf mich, wenn ich Max zum Weinen gebracht habe.

Erst als Mama ihm erlaubt, die Papierstreifen wieder zurück auf den Boden zu legen und er wieder sein Muster ansehen kann, beruhigt sich Max.

„Lasst uns mal einen Moment allein", sagt Mama. Sie hockt sich zu Max auf den Boden. Sie möchte ihn umarmen und an sich drücken, aber Max dreht sich weg.

Mein Vater und ich gehen nach draußen. Frog, unser Hund, freut sich uns zu sehen und folgt uns mit nasser Schnauze und Schwanzwedeln. Bis ein Fuchs jault. Papa hebt mich hoch und über den Zaun sehe ich die Fuchswelpen im Mondlicht spielen. Sie sehen aus wie rote Schatten, die durch das hohe Gras huschen. Als Papa mich wieder herunterlässt, ist Frog schon auf Fuchsjagd gegangen.

Hier draußen ist es sehr leise, ganz anders als in unserem Haus. Sterne stehen am Himmel. Ich sehe sie ganz deutlich durch die Blätter des Eukalyptusbaums.

Ms Mack sagt, Sterne leuchten von weit her, wie die Sonne auf die Erde, aber es gibt mehr davon als irgendjemand zählen kann. Ich sehe sie gern an. Es ist so, als ob jemand in ein großes, dunkles Zelt Löcher gebohrt und so ein Sieb daraus gemacht hätte, durch das Licht hereinfällt. Manchmal stehe ich da und schaue so lange in die Sterne, bis mein Nacken steif wird – und wünsche mir, dass Max normal wäre.

Beim Gehen können wir unsere Schritte nicht hören, weil Papa überall im Hinterhof Rindenmulch auf den Boden gestreut hat. Max klettert nämlich gern auf Bäume und Papa hat Angst, dass er herunterfällt und sich wehtut.

Er hat sogar alle unteren Äste abgesägt. Aber irgendwie schafft es Max trotzdem immer wieder, irgendwo hochzuklettern. Wenn er unbemerkt aus dem Haus entwischt, merken wir oft erst, wenn es zu spät ist, dass er längst hoch oben wie ein kleiner Koala eingekuschelt in einer Astgabel sitzt und schaukelt. Max hat keine Höhenangst, so wie ich.

Papa hat rund um unser Grundstück einen Zaun mit einer hohen, grünen Abdeckplane befestigt. Niemand kann drüberklettern. Papa sagt, wenn Max nicht sieht, was da drüben auf der anderen Seite des Zauns ist, wird er auch nicht dorthin gehen wollen. Jake und ich können zwar auch nichts sehen, aber ich weiß, was dort ist. Auf der anderen Seite der Straße ist ein Teich. Und genau davor haben Mama und Papa Angst: dass Max darin ertrinken könnte.

Wenn wir im Hinterhof spielen, fühlen wir uns wie in einem Zoo. Nur, dass zu uns nicht so viele Besucher kommen wie zu den Tieren im Zoo. Es ist schwierig mit Max zusammen zu sein, also bleiben die Leute lieber weg.

„Warum macht Max immer so viel Krach?", frage ich meinen Vater.

„Er kann nichts dafür, Ali." Papa legt den Arm um meine Schulter und ich kuschle mich hinein. Ich kann seinen Papa-Geruch nach Rasierwasser und ein wenig Schweiß riechen. Das gibt mir ein sicheres und warmes Gefühl.

„Aber warum kann er uns nicht einfach sagen, dass er schlecht gelaunt ist?"

„Er kann sich nicht mit Worten ausdrücken so wie wir", sagt Papa, „und das ärgert ihn. Wenn er Krach macht, hilft ihm das, sich besser zu fühlen."

„Wie das denn?"

„Na ja, wenn er wütend und verwirrt ist, kennt er nur noch den Klang seiner eigenen Stimme. Und wenn er sie hört, ist er nicht mehr so verwirrt", versucht Papa zu erklären. „Probier's mal aus!"

Fünf Minuten lang machen mein Vater und ich im Hinterhof jede Menge Lärm, so wie Max es tut. Papa hat recht: Wenn ich laute Geräusche mache, ist meine eigene Stimme das Einzige, was ich in meinem Kopf noch höre.

„Aber warum macht Max das?" Ich verstehe es immer noch nicht.

„Wieso? Weshalb? Warum?" Papa lächelt und kitzelt mich.

„Woher soll ich's denn wissen, wenn ich nicht frage?“ Max fragt nie etwas.

„Max fühlt sich sicher, wenn er alles unter Kontrolle hat.“ Papa überlegt eine Weile. „Es gibt so viele Dinge, die er nicht kontrollieren kann, aber er kann den Klang seiner eigenen Stimme kontrollieren. Er baut diesen Klang auf wie eine Mauer, die niemand sonst überwinden kann – und solange die Mauer da ist, glaubt er, dass niemand ihm wehtun kann.“

„Aber wir wollen ihm doch gar nicht wehtun.“ Auch darüber denke ich nach. „Papa, warum mag Max uns nicht?“

„Manchmal weiß er nicht, wer wir sind.“ Papas Stimme wird traurig.

„Warum nicht?“

Papa sieht mich an und drückt mich ganz fest an sich. „Ich weiß es nicht“, sagt er. Es gibt Sachen, die selbst Erwachsene nicht verstehen.

„Können denn die Ärzte nichts machen? Seinen Kopf aufschneiden, das Gehirn rausnehmen, wieder richtig einsetzen und den Kopf zunähen?“

„Die Ärzte sagen, sie können nichts tun.“

Ich fühle, dass ich einen Klumpen im Hals habe. „Wird Max immer so bleiben wie … er ist?“

„Wahrscheinlich“, sagt Papa und blickt dabei zu den Sternen, als ob auch er gerne einen Wunsch frei hätte.

Ich höre Jake weinen, weil Max ihn aufgeweckt hat, und Mama ruft nach draußen: „Jim, kannst du mir mal helfen?“ Also muss Papa reingehen.

Plötzlich ist mir kalt. Ich gehe rein und mache mein Ferienprojekt noch mal neu. Mit der Sonne, dem Mond, den Planeten und der Erde gebe ich mir genauso viel Mühe wie beim ersten Mal. Aber diesmal bleibe ich die ganze Zeit in der Küche.

Als ich in mein Zimmer gehe, ist Max wieder in seinem. Er drückt immer wieder auf den Lichtschalter und starrt die Lampe an. An – aus, an – aus. Er kann sich nicht losreißen.

Mama bleibt bei ihm, bis er ins Bett geht. Danach kann auch ich ins Bett gehen. In Max' Zimmer brennt die ganze Nacht Licht, weil er sich vor der Dunkelheit fürchtet. Er hat sogar vor seinen Träumen Angst. Er weiß nicht, dass ein Traum nicht echt ist, nur ein Gedanke und nicht die Wirklichkeit. Er wird immer wieder wach und wenn es dunkel ist, schreit er.

„Mi – mi – mi – nei – nei – nei.“ Das sind Max-Laute, keine richtigen Wörter. Ich weiß, dass er zu sagen versucht, dass er Angst hat, aber das kann er nicht. Also krabble ich aus meinem Bett und spähe in sein Zimmer.

„Psssst, Max. Psssst." Ich setze mich zu ihm, damit er sich nicht länger fürchtet. „Weck Mama und Papa nicht auf", flüstere ich. „Sie brauchen ihren Schlaf genauso wie wir."

In manchen Nächten schläft Max wieder ein, in anderen Nächten weint er stundenlang.

Am nächsten Morgen ist Max schon vor mir auf – und hat schon wieder mein Ferienprojekt in Fetzen gerissen. Ich stehe einfach nur da, schaue sie an und bin total wütend auf Max, der seelenruhig auf dem Fußboden sitzt. Er schaut nur einen kleinen Moment auf, aber seine Augen sehen mich nicht. Es ist so, als ob ich unsichtbar wäre. Obwohl Max hier ist, fühle ich mich ganz allein. Wenn er solche Sachen macht, wie meine Schulaufgaben kaputt zu reißen, wünsche ich mir, es wäre so.

3. Kapitel:
Abwechslung tut gut!

Es ist ein großer Fehler, dass Mama ihre Haare abgeschnitten hat.

„Mir gefällt's", sage ich.

„Mir auch", stimmt Tanique zu. Sie ist nachmittags vorbeigekommen. Mamas Haare sind jetzt so kurz wie die von Tanique.

„Ich leih dir meinen Hut, bis sie wieder gewachsen sind", sagt Papa lächelnd.

Aber als Max Mama sieht, erkennt er sie nicht mehr. Mama hat jetzt keine langen Haare mehr und sie sieht nicht so aus wie Mama, also fängt Max an zu brüllen.

Frog versteckt sich unter dem Tisch und Tanique sieht mich an und wir alle werden ganz still. Mama setzt ihre „Gute-Laune-Stimme" auf und verzieht ihr Gesicht für Max zu einem Lächeln, aber noch immer sieht Max Mama nicht an, denn für ihn ist sie nun eine Fremde.

Ich glaube, meine Mutter hat wirklich genug davon, ständig so zu tun, als sei sie glücklich, auch wenn sie es nicht ist. Manchmal, wenn ihr alles zu viel wird, geht sie in ihr Zimmer und schließt die

Tür und ich höre, wie sie einen Schrei ausstößt. Ich habe Mama noch nie weinen sehen, aber heute sehen ihre Augen glasig aus, genau wie meine, wenn Max mich verrückt macht.

Wenn ich nicht will, dass mich jemand findet, verstecke ich mich unter meinem Bett. Da ist es warm und dunkel, ein bisschen staubig, und es gibt ein paar Spinnweben, aber das macht mir nichts aus. Das ist mein besonderer Platz. Dort findet mich Max nie, und Mama und Papa kämen gar nicht erst auf die Idee, hier nach mir zu suchen. Manchmal bleibe ich stundenlang unterm Bett, bis meine Augen aufhören zu brennen und ich nicht mehr wütend bin.

Mama hat keinen Ort, an dem sie sich verkriechen kann. Mama verkriecht sich nie. Jetzt gerade ist sie in der Küche und betrachtet stirnrunzelnd ihr Spiegelbild in der Glasscheibe des Küchenschranks. Sie weiß nicht, dass ich draußen vor der Tür stehe und zuhöre.

„Was machen wir nur mit ihm?“, fragt sie meinen Vater.

„Er wird sich an deine Frisur gewöhnen.“ Papa versucht immer, etwas Tröstliches zu sagen.

„Wann?“ Mamas Worte klingen noch immer düster. „Ich hätte es wissen müssen. Das war eine zu große Veränderung.“ Ihre Stimme hört sich seltsam an.

„Ich weiß nicht, wie lange ich das noch aushalte, Jim." Papa legt den Arm um meine Mutter.

„Das müssen wir aber", sagt er und ich glaube, meine Mutter fängt an zu weinen. Jetzt weiß ich, dass ich mich noch mehr anstrengen muss, damit Max irgendwas kapiert.

Ich glaube, ich weiß, was ich tun kann. Wir haben Fotos von der ganzen Familie, damit Max weiß, wer wir alle sind und wie wir heißen. Mama und Papa und Ali und der kleine Jake, Frog, Opa und Oma. Ich habe sogar ein Foto von Tanique, damit Max sie erkennt, wenn sie uns besucht.

Mama macht Lernspiele mit Max. Sie zeigt ihm Fotos und sagt: „Zeig auf Jake. Zeig auf Ali. Zeig auf Papa. Zeig auf Tanique." Max macht immer alles richtig. Er fängt jetzt sogar an, auf Mama und Papa, Jake und Frog, Tanique und mich zu zeigen, wenn er uns nicht auf einem Foto sieht.

Wir haben im ganzen Haus auf Pinnwänden viele Fotos hängen. Sie erinnern Max daran, was er zu tun hat.

Auf der Toilette hängt eine Tafel mit Fotos zum Aufs-Klo-Gehen. Darauf hängt ein Bild von unserem Klo. Und ein Bild von Max beim Aufs-Klo-Gehen. Und noch ein Bild von ihm, wie er den Spülknopf drückt. Und eins von Max beim Händewaschen. Max liest die Bilder, wie wir Bücher lesen.

Irgendwann hat Papa es mir mal erklärt: Dass Max' Gehirn statt in Wörtern in Bildern denkt. Er kann die Bedeutung von Bildern viel besser verstehen als die von Wörtern. Wir bringen Max die Wortbedeutungen bei, indem wir die Wörter unter die Fotos schreiben. Ausdrücke wie „Toilette", „Drück den Knopf!", „Wasch deine Hände!", „Trockne deine Hände ab!", „Mach die Tür zu!"

Wir hoffen, dass Max eines Tages in der Lage sein wird, auch die Wörter zu lesen.

In jedem Zimmer unseres Hauses gibt es eine Pinnwand mit Fotos: für die Schlafzimmer, das Badezimmer, die Küche und die Diele. Es gibt sogar eine für die Garage, wo das Auto und Papas Gerümpel stehen. Und wenn wir zu Oma und Opa fahren, gibt es auch für dort eine Pinnwand mit Bildern. Wenn Mama Max erzählt, dass wir Oma und Opa besuchen und ihm die Bilder zeigt, weiß er Bescheid. Alles ist in Ordnung, wenn wir Max zuvor die Bilder zeigen und wenn es keine Überraschungen gibt. Aber wenn wir irgendwo hinfahren, ohne ihm vorher Bilder zu zeigen, kommt Max durcheinander und kriegt Angst, und er fängt an zu weinen. Er mag sein Zuhause, denn hier fühlt er sich sicher. Genauso sicher wie ich, wenn ich mich unter meinem Bett verstecke.

Mama hätte Max zuerst ein Foto von sich mit kurzen Haaren zeigen sollen, dann hätte er sich an die Veränderung gewöhnen können.

„Was machst du da, Ali?“ Tanique sieht mir beim Basteln zu.

„Ich will Max das mit Mama klarmachen“, erkläre ich ihr.

„Wie denn?“

„Schau mal. Es ist genau dasselbe wie mit Opa und seinem Hut. Immer, wenn er uns besucht, hat Opa seinen Hut auf. Aber einmal kam er ohne, und Max hat ihn nicht erkannt. Wir mussten Opas Hut suchen und ihm aufsetzen und wieder absetzen und wieder aufsetzen, bis Max verstanden hat, dass Opa immer derselbe war – mit Hut oder ohne.“

„Und das machst du jetzt genauso mit den Haaren deiner Mutter?“

„Genau. Nur mache ich das mit Fotos, denn Mama kann ja nicht einfach so ihre Haare auf- und absetzen wie einen Hut.“

„Verrückt“, sagt Tanique schließlich und fängt an zu lächeln, „aber das macht ganz bestimmt Sinn.“

Ich bitte Mama um unsere Polaroidkamera und mache ein Foto von ihr mit neuem Haarschnitt. Dann suche ich andere Bilder von ihr, auf denen sie verschiedene Frisuren hat. Ich hefte sie alle an eine Pinnwand.

„Max. Schau mal!" Ich zeige Max die Fotos. Ganz langsam lese ich ihm vor, was ich darunter geschrieben habe, dann zeige ich auf Mama.

Max möchte erst nicht hinsehen, aber ich zeige ihm noch einmal all die Fotos und lese ihm wieder laut vor. Langsam. Wieder und wieder. Dann zeige ich auf unsere Mutter und auf ihr frisch geschnittenes Haar und sage: „Max, Abwechslung tut gut!"

Dass Max etwas verstanden hat, weiß ich, als er aufhört zu weinen. Und Mama lächelt auch wieder.

4. Kapitel: Wenn die Delfine kommen

Ich bin glücklich, dass ich eine Freundin wie Tanique habe. Wenn es sie nicht gäbe, hätte ich niemanden, mit dem ich reden könnte. Mama und Papa haben fast nie Zeit, Jake ist noch zu klein und sonst versteht mich sowieso keiner. Tanique ruft mich an, sie kommt bei uns vorbei und sie weiß immer, in welcher Stimmung ich gerade bin. Wenn ich traurig bin, überlegt sie sich, wie sie mich zum Lachen bringen kann.

„Ali." Gerade habe ich Tanique am Telefon, und ihre Stimme klingt aufgeregt. „Wir fahren zum Strand. Willst du mitkommen?"

„Tanique möchte, dass ich zum Strand mitkomme." Ich schaue zu Mama hinüber.

„Geh nur", sagt Mama.

„Soll ich nicht lieber zu Hause bleiben?", frage ich, „und auf Max aufpassen?"

„Ich glaube, wir kommen schon klar", lächelt Mama, „Papa und ich."

„Bist du sicher?"

„Ganz sicher."

Das einzige Problem dabei ist, dass auch Jason Brown zum Strand mitkommt, aber Tanique hat gesagt, ich soll nicht so ein Feigling sein. Wenn er uns nicht in Ruhe lässt, kriegt er Riesenärger, also meint sie, dass wir vor ihm sicher sind.

Ich liebe es, an den Strand zu gehen. Wenn ich dort ankomme, stehe ich erst einmal einfach nur da und schaue und schaue. Auf die Motorboote und die Jetskier, weit draußen auf den Wellen, auf die Windsurfer und die Yachten, die sich wie Schmetterlinge bewegen. Ich liebe es, Muscheln und Seesterne zu sammeln. Und Seegras und schön geformte Holzstückchen, und ich frage mich, woher sie alle kommen. Ich stecke sie in meine Tasche und nehme sie mit nach Hause. Ich liebe es, die Seemöwen zu beobachten, wie sie im Wind gleiten, und zuzuhören, wie sie sich zanken. Ich glaube, eine Möwe bemerkt eine Tüte Chips zehn Meilen gegen den Wind und kommt dann blitzschnell angeflogen.

Es ist immer warm im Sand und der Wind weht einzelne Körner in mein Gesicht, sodass die Sonnencreme auf meiner Nase ganz rau wird. Ich liebe es, zusammen mit Tanique die Dünen hinunterzurollen, und zu singen, ohne dass es irgendjemand hört, denn das Meer verschluckt meine Stimme.

Aber ich gehe nicht ins Wasser.

Wir – ich, Mama und Papa, Max und Jake – fahren nicht oft zum Strand, obwohl Max die Weite hier mag.

Wir machen sowieso nicht viele Ausflüge – und wenn wir überhaupt einen machen, ist es nur für einen Tag, und selbst das ist ein bisschen Glückssache. Wir machen nie so richtig Urlaub, und ich war noch nirgendwo außerhalb unseres Bundesstaates. Ich hasse es, wenn mir die anderen Kinder nach den Ferien erzählen, was sie alles gemacht haben und wo sie überall gewesen sind.

„Sag ihnen, dass du zelten warst“, sagt Mama.

„Aber dann wollen sie wissen, wo.“

Ich werde ihnen nicht erzählen, dass wir in unserem eigenen Hinterhof zelten. Dort bauen wir unsere Zelte auf. Mama zündet ein Feuer an und verbrennt trockene Äste. Später machen wir Spiele und wenn es dunkel wird, erzählen wir uns gegenseitig Geschichten und lauschen all den nächtlichen Geräuschen.

Wenn Papa gut drauf ist, holt er seine Gitarre und summt leise mit, und in manchen Nächten, wenn Frog gut drauf ist, heult auch er mit. Und wenn Max müde wird, kann er in seinem eigenen Bett schlafen, und das kennt er.

„Oh nein! Was macht *die* denn hier?" Jason Brown tut so, als ob ihm schlecht wird, als er mich sieht, und kriegt dafür einen warnenden Blick seines Vaters.

„Warum darf ich keine Freunde mitbringen?", quengelt Jason.

„Weil du nicht dran bist." Seine Mutter versucht, vernünftig mit ihm zu reden, aber das ist bei ihm sehr schwierig.

„Aber warum muss es dann *die* da sein?"

„Jason. Es reicht!"

„Hoffentlich bringt sie diesen Kotzbrocken nicht mit."

„Max ist kein Kotzbrocken! Nimm das zurück!" Ich bin kurz davor, ihm eine zu verpassen, aber das ist gar nicht nötig. Jason bekommt wieder einmal eine Strafpredigt von seinem Vater.

Der Strand ist nicht weit weg von unserer Stadt, also dauert es nicht lange dorthin, vielleicht eine Stunde. Wir parken das Auto hoch oben in den Dünen und Tanique und ich ziehen unsere Schuhe aus und laufen so schnell wir können die Sandhügel hinunter. Wir beachten Jason überhaupt nicht.

„Wartet auf uns am Landungssteg", ruft Taniques Mutter uns hinterher. „Wir haben uns noch eine besondere Überraschung ausgedacht."

Wir laufen auf verwittertem, grauem Holz bis zum äußersten Ende des Piers. Das Meer hat sich gerade weit zurückgezogen, doch dann kommt es angerauscht und hebt sich mit einem Satz vor uns hoch und macht ein hohles, klatschendes Geräusch unter unseren Füßen.

„Schau mal, das Seegras!" Tanique zeigt auf einen Garten von Farnen unter dem grünen Wasser, die sich dort wie im Wind hin- und herwiegen. „Zähl mal, wie viele Fische du siehst."

Wir legen uns auf den Bauch und schauen ins Wasser.

„Millionen!" Ich kann gar nicht schnell genug zählen.

Ein Fischschwarm schießt genau unter uns vorbei. Sie sind durchsichtig, fast unsichtbar, sodass ich nicht wirklich sicher bin, dass sie da sind, wären da nicht ihre Schatten.

Hinter uns gleitet ganz leise ein Boot an den Landungssteg. Wir hören nur einen sanften Stoß gegen die großen gelb angemalten Gummireifen – und alle Fische verschwinden, als wären sie niemals da gewesen. Eine Kette rasselt und der Kapitän wirft ein dickes, geflochtenes Tau aus und schlingt es um einen Pflock. Das Tau spannt sich und knarrt, als ob das Boot sich losreißen wollte.

„Damit fahren wir nachher raus“, sagt Taniques Vater zu uns. „Wir werden sehen, ob wir heute ein paar Delfine finden können.“

Ich hatte mal ein Delfinposter in meinem Zimmer, aber Max hat es kaputtgerissen. Ich wollte schon immer Delfine schwimmen sehen. Aber ich bin mir

nicht so sicher, was ich davon halten soll, ringsherum von lauter Wasser umgeben zu sein. Bevor ich auch nur ein Wort sagen kann, hat der Kapitän uns schon auf seiner Liste abgehakt und streckt die Hand aus. Ich muss über ein Brett laufen, das nicht besonders breit ist.

„Wenn du reinfällst, bist du Fischfutter.“ Jason Brown ist direkt hinter mir, deshalb mache ich einen extragroßen Satz.

Ich war noch nie vorher auf einem Boot. Es schaukelt unter meinen Füßen, rauf und runter und von einer Seite auf die andere. In meinem Magen scheint sich mein Frühstück selbstständig zu machen. Als alle an Bord sind, fängt der Motor an zu tuckern und alles wackelt. Das Boot knurrt, als ob es sich räuspern müsste, es grunzt und spuckt, das Geräusch verteilt sich überall und bringt meine Beine zum Zittern.

Sprudelnde Wasserblasen steigen neben uns auf. Langsam beginnt sich das Boot zu drehen und wir fahren hinaus aufs offene Meer.

Ich kralle mich an der Reling fest, bis ich sicher bin, dass ich nicht über Bord falle. Ich sehe, wie die Hügel an der Küste allmählich zu blaugrünen Klecksen verschwimmen. Schon bald sind wir von nichts als Wasser umgeben, durch das sich das Boot zischend und spritzend seinen Weg bahnt.

„Wir lassen Sie erst mal mit den Seehunden Probe schwimmen“, erklärt uns der Kapitän und seine Crew fängt an, Schwimmanzüge auszuteilen. „Danach suchen wir die Delfine.“

Ich schaue hinüber zu Tanique. Wie soll ich ihr nur sagen, dass ich gar nicht mit den Seehunden schwimmen will? Jedenfalls nicht, wenn man dafür ins Meer springen muss …

Das Boot verlangsamt seine Fahrt, als wir zu einer Plattform aus Holz gelangen, die leicht im Wasser schaukelt wie eine übergroße Boje. Die Plattform besteht aus zwei Stockwerken; oben sitzen Vögel und darunter, im Schatten, Seehunde.

Die Seehunde liegen überall. Sie tummeln sich auf jedem Quadratzentimeter Holz, sogar übereinander. Kleine Seehunde und große Seehunde, manche von ihnen so lang wie die gesamte Plattform. Sie sehen aus wie gigantische Schnecken, sie machen ein Nickerchen und nur ihre Barthaare zucken dabei. Sie dösen so lange vor sich hin, bis andere Seehunde versuchen, ihnen ihren Schlafplatz streitig zu machen. Dann bellen und blecken sie sich gegenseitig an und knurren, als ob es ihnen ernst damit wäre, aber ich glaube, sie spielen nur. Sie lassen sich ins Wasser platschen wie reife Früchte, die vom Baum fallen. Dort liegen sie ganz still und treiben unter der Wasseroberfläche. Wenn sie geradewegs hinabtauchen, können wir sie nicht mehr sehen, bis sie ganz woanders wieder auftauchen, mit dunklem, glänzendem Fell.

„Alles klar. Die erste Gruppe kann reingehen“, ruft der Kapitän, als der Bootsmotor aus ist.

Alle haben ihre Flossen und Schwimmanzüge und Schnorchel an. Alle – außer mir. Sie watscheln wie Enten am Heck des Bootes umher. Die Seehunde nehmen keinerlei Notiz von den Leuten, die ins Wasser platschen und wie tanzende, bunte Korken zur Plattform schwimmen.

„Du siehst aus wie eine Schildkröte", sagt Tanique zu Jason mit seiner Taucherbrille und den Schwimmfüßen. „Und weißt du was? Das ist eine deutliche Verbesserung!", kichert sie.

„Aber ich hab keine Angst vorm Wasser, so wie *sie*", spottet Jason über mich.

„Ich *habe* keine Angst", behaupte ich und hoffe, dass meine Stimme mich nicht verrät.

„Und warum gehst du dann nicht rein?"

„Ich hab keine Lust." Ich weiß, dass das keine gute Entschuldigung ist.

„Miauuu", macht Jason und ich weiß genau, was er meint.

„Ali hat keine Angst", kommt Tanique mir zu Hilfe. „Sie hat jede Woche Schwimmunterricht."

„Das will ich sehen!", sagt Jason Brown.

„Wir wollen nicht mit dir zusammen im Meer schwimmen, denn du bist eine echte Belastung für die Umwelt." Tanique gibt ihrem Bruder einen Schubs und er fällt kopfüber hinein. Endlich kann er mal nicht antworten, denn er hat den Mund voller Wasser.

„Aber du wolltest doch auch gern reingehen", sage ich zu Tanique, als wir die Leiter hinaufklettern, die auf das oberste Deck des Schiffes führt.

„Das Wasser ist zu kalt", antwortet Tanique. „Wir schauen uns lieber von oben an, wie die anderen eine Gänsehaut kriegen."

Auf dem obersten Deck stehen Holzbänke, die Sonne lässt es weiß erstrahlen und wir können meilenweit nichts als das Meer sehen.

„Ehrlich gesagt …", sage ich mit dünner Stimme, „habe ich Angst."

„Ich weiß." Tanique weiß alles über mich. „Aber mach dir keine Sorgen. Hier oben bist du sicher."

Manchmal bringt meine beste Freundin mich fast zum Heulen, obwohl ich doch glücklich bin, denn sie lässt mich nie im Stich.

Ich weiß nicht, warum ich Angst vor dem Meer habe. Ich würde gern mit Seehunden und Delfinen schwimmen und mich von den Wellen tragen lassen, aber ich weiß, dass es dazu nie kommen wird. Vielleicht liegt es daran, dass ich nicht sehen kann, was *im* Wasser ist, nicht so, wie ich das im Schwimmbad bei uns im Ort kann. Im Meer könnten Monster mit langen Fangarmen sein, die nur darauf warten, nach meinen Füßen zu greifen. Oder Haie. Oder Zitteraale. Oder ein riesiger Wald aus Seegras, in dem ich versinke und wo mich niemand mehr findet. Das Meer reicht bis nach Südamerika und Afrika und es geht tiefer nach unten als Berge hoch sind und es gibt Wellen, die sind höher als 50 übereinanderstehende Gebäude. Es ist so groß, so tief und niemals ruhig. Das Meer ist, das Meer ist … ist dunkel und kalt und fremd. Es ist etwas, das ich nicht kenne.

Das Boot bleibt liegen und lässt sich vom Wasser hin und her bewegen, während Tanique und ich auf dem Oberdeck ein Eis essen. Unter uns spielen die Schwimmer mit den Seehunden. Sie gleiten auf dem Rücken und auf der Seite, und die Seehunde tun dasselbe. Jason schwimmt zu weit raus und muss von einem der Führer zurückgebracht werden. Sein Vater hält ihm eine weitere Strafpredigt, weil er niemals tut, was man ihm sagt.

Als alle genug geschwommen sind, klettern sie vor Kälte zitternd zurück aufs Boot. Der Motor grummelt wieder, das Boot vibriert und nun beginnt die wirkliche Jagd. In der nächsten Stunde fischen wir mit dem Schleppnetz in der Bucht und alle halten Ausschau nach Delfinen.

„Da sind sie!“ Der Kapitän sieht sie als Erster, denn er hat ein Fernglas und weiß wahrscheinlich am besten, wo er hinsehen muss. Er ändert den Kurs und unser Boot fährt auf sie zu. Es sind sieben Delfine und sie sind ganz schön weit draußen.

„Okay“, ruft der Kapitän und seine Stimme klingt aufgeregt. „Sobald wir an ihnen dran sind, machen Sie sich fertig zum Schwimmen.“ Die Crew wirft zwei Taue aus, an denen Bojen als Markierungen befestigt sind. Sie schleifen hinter dem Boot her. Daran sollen sich die Schwimmer festhalten, wenn sie ins Wasser gehen, sobald die Delfine kommen.

Aber niemand geht ins Wasser, denn die Delfine kommen nicht heran. Es ist egal, wie oft wir das Boot wenden um ihnen zu folgen und wie oft wir auf sie zuflitzen, um sie aufzuspüren, wo wir sie gerade vermuten.

Sie schwimmen einfach weiter, wölben ihre Rücken und tauchen – und plötzlich verschwinden sie und tauchen nicht mehr auf, bis wir denken, dass wir sie endgültig verloren haben. Da kommen sie plötzlich hoch und scheinen uns ins Gesicht zu lachen, sodass das Boot eine Kehrtwendung machen und ihnen hinterherfahren muss.

„Das sind nun mal Wildtiere“, sagt der Kapitän. „Man kann nie wissen, was sie als Nächstes machen.“

Er hält sich wieder das Fernglas an die Augen. „Da! Da sind sie wieder!“ Er zeigt auf die Umrisse, die unter den Wellen hindurchtauchen, und wir nehmen Fahrt auf, wieder und wieder.

Ich wünsche mir so sehr, dass die Delfine näher kommen, aber sie tun es nicht. Es ist so, als ob sie ein Spiel mit uns spielen würden. *Fangt-uns-doch!*, aber es gelingt uns nicht. Kaum haben wir das Boot in ihre Richtung gewendet, sind sie schon wieder weggeschwommen.

„Woher wissen die, wo wir sind?“ Jason Brown hat die Augen nicht von ihnen abgewandt. „Sie sind so weit draußen.“

„Sie orten uns mit ihrem Sonar“, erklärt seine Mutter. „Das ist, als ob sie mit den Ohren sehen könnten.“

„Wie das denn?“, fragt Jason ungläubig.

„Deine Mutter hat recht“, schaltet sich der Kapitän ein. „Delfine senden Töne aus, die unter Wasser weitergeleitet werden. Wenn die Töne auf ein Objekt treffen, werden sie als Echo zurückgeworfen – und auf diese Weise orientieren sich die Delfine.“

„Sie können aber auch sehen, oder?“

„Allerdings. Aber unter Wasser ist es leichter zu hören als zu sehen, besonders wenn man tief unten ist.“

„Und wenn sie fliegen, so wie jetzt grade?“ Tanique hat bemerkt, dass die Delfine schon wieder die Richtung gewechselt haben und hoch über die Wellen springen.

„Habt ihr noch nie einen Delfin gesehen, der einen Kreiselsprung macht?“, fragt der Kapitän und ändert erneut den Kurs.

„Wie bitte?“

„So nenne ich das, wenn sie mit der Schwanzflosse auf dem Wasser stehen und sich im Kreis drehen, um zu sehen, was um sie herum so los ist.“

„Ich verstehe.“ Jason will zeigen, dass auch er den Kreiselsprung beherrscht und fällt dabei fast der Länge nach hin.

„Es wird Zeit zurückzufahren“, sagt der Kapitän schließlich. „Heute haben wir kein Glück mehr.“ Unser Boot nimmt Fahrt auf und steuert auf den Strand zu. Schaum spritzt und Luftblasen zerplatzen, als wir über die Wasseroberfläche hüpfen. Je schneller wir werden, desto kälter wird der Wind.

Und plötzlich kommen die Delfine, ganz nah, jetzt, wo sie wissen, dass wir auf dem Heimweg sind. Sie gleiten unter der Wasseroberfläche, während das Boot darüber hinweggleitet, und bleiben uns auf den Fersen, obwohl wir wirklich schnell fahren, und in ihren Augen scheint der Schalk zu blitzen.

„Komm und sieh sie dir an!“, ruft Tanique und ich hangle mich ganz nach vorn an die Spitze des Boots durch. „Ich wusste, dass sie kommen!“

Die Delfine sind genau neben dem Schiffsbug. Sie drehen sich beim Schwimmen auf die Seite, sodass sie zu uns hochsehen können, während wir auf sie hinunterblicken. Sie durchpflügen in Bögen das Wasser, bleiben an unserer Seite, flitzen davon und kommen dann wieder ganz nah. In atemberaubender Geschwindigkeit schießen sie so leicht durch das Wasser und durch die Luft, dass man meint, sie müssten dafür keinen einzigen Muskel bewegen.

„Wartet!“, schreie ich so laut ich kann, beuge mich tief hinunter und strecke meine Hand aus. Aber ich bin zu weit entfernt und der Wind verschluckt meine Stimme. „Schwimmt nicht weg! Bleibt noch!“

Der Motor des Boots donnert, das Deck erzittert, aber wir können die Delfine nicht einholen, sie sind schneller. Nach einer Weile verschwinden sie und ich weiß nicht, ob sie mein Rufen gehört haben.

Als wir zu Hause ankommen, ist es schon dunkel. Das Auto fährt knirschend unsere Einfahrt hinauf. Mama wartet auf der Veranda und im Lichtschein sehe ich ein Opossum, das auf dem Dach herumkrabbelt.

„Gute Nacht, Ali", sagt Taniques Mutter und umarmt mich.

„Danke, dass Sie mich eingeladen haben, Ms Brown." Heute war der schönste Tag seit Langem.

Fast. Als ich in mein Zimmer komme, hat Max sich selbst übertroffen. Er hat mein Versteck gefunden, wo ich meine „Schatzkiste" aufbewahre, die mit meinen besonderen Fundstücken gefüllt ist. Der Seeigel, den ich beim letzten Mal am Strand gefunden habe, und das Seemöwenei – sie liegen in Scherben. Meine Kaurimuschel ist weg und mein wertvollster Schatz, den ich seit Jahr und Tag gehütet habe, die Sandrose, ist nur noch ein Häufchen Körner. Alle meine Sachen, die ich so liebe, macht er kaputt. Es spielt keine Rolle, wo ich sie verstecke, Max findet sie immer. Nichts in meinem Leben gehört mir allein.

Ich möchte Max anbrüllen, ihn treten und ihm richtig wehtun, aber ich tue es nicht. Stattdessen hole ich Mama und sie bringt Max raus. Max fängt an zu schreien. Kurz danach kommt Papa, um nach mir zu sehen, aber ich möchte *ihn* nicht sehen.

„Es ist in Ordnung, Ali", sagt Papa. „Es ist in Ordnung, wenn du traurig bist."

Ich kann ihm nicht sagen, dass ich nicht traurig bin. Ich kann niemandem sagen, dass ich Max in solchen Momenten hasse.

Ich ziehe mir die Decke über den Kopf, bis Papa weggeht. Ich versuche, nicht zu atmen, aber das klappt nicht. Ich denke daran, wie viel Spaß ich heute hatte und dass ich jederzeit wieder Muscheln und Möweneier sammeln kann, wenn Max nicht dabei ist. Dann frage ich mich, warum meine Tage nicht immer so sein können wie heute. Warum kann ich nicht so eine Familie wie Tanique haben? Trotz dieses Großmaul-Bruders Jason Brown ist ihre Familie ganz normal, und genau das wünsche ich mir für uns, aber mit Max ist das unmöglich.

Ich bleibe unter der Decke, bis meine Augenlider schwer werden und keine neuen Gedanken mehr hochkommen.

Dann stehe ich wieder auf dem Boot und ich fühle das Meer tief unter meinen Füßen. Das Wasser ringsumher strahlt, als ob alle Sterne der Nacht darauffallen würden. Die Delfine sind ganz nah und ich beuge mich nach vorn.

Ich wünschte, ich könnte einen Delfin streicheln, höre ich mich sagen.

5. Kapitel: Das neue Schuljahr beginnt

Ich sage Mama, dass ich Bauchschmerzen habe. Sie glaubt mir nicht, aber es stimmt wirklich. Ich will nicht spielen. Ich will nicht essen. Ich will mein Zimmer nicht verlassen. Und ich will erst recht nicht wieder in die Schule gehen.

„Aber Ali, du magst die Schule doch." Mama versucht, vernünftig mit mir zu reden.

„Nein."

„Dieses Jahr bist du doch eine von den Großen."

„Ich geh nicht hin."

„Komm schon, Ali. Hör auf zu meckern."

Papa kommt rein. „Du hast fünf Minuten Zeit."

Max steht im Türrahmen. Er trägt sein neues gelbes Shirt, seine grünen Shorts, die ihm wie ein Sack bis zu den Kniekehlen herunterhängen, und seine Kappe. In der Tasche hat er seine Pausenbrotdose mit seinem Namen drauf und eine Flasche mit einem kalten Getränk. Dieses Jahr kommt Max in meine Schule und dann werde ich keine Ruhe mehr haben.

Mama, Papa und ich müssen mal „drüber reden", wie ich mich fühle. Ich muss sie doch irgendwie rumkriegen können, mich auf eine andere Schule zu schicken, wo mich keiner kennt. Mama sagt mir klipp und klar, dass es hier in der Nähe keine andere Schule gibt.

„Dann nehme ich halt Fernunterricht. Oder ich lerne übers Internet."

„Jetzt mach aber mal halblang, junge Dame!" Papa verliert allmählich die Geduld.

„Du kriegst wieder Ms Mack", sagt Mama versöhnlich. „Was soll sie denn denken?"

„Ich kann ja auch meine Aufgaben zu Hause machen."

„Und was ist mit den ganzen Sachen, die ihr sonst zusammen macht? Die Theatergruppe? Und Volleyball? Und die Hockeymannschaft?" Mama kann sehr überzeugend sein. Sie weiß genau, was ich an der Schule mag.

„Ist mir egal!"

„Das glaube ich kaum! Das würde dir alles fehlen."

„Und warum kann dann nicht Max auf eine Sonderschule gehen?" Jetzt bin ich zu weit gegangen.

„Zwei Minuten, Ali!", sagt Papa nur. Er wirkt größer, wenn er böse ist und sein Mund und seine Augen schauen grimmig aus. Ich mag es gar nicht, wenn Papa aufhört zu lächeln.

„Okay." Ich gebe nach. „Aber ich werde mich *nicht* um Max kümmern. Ich hab nämlich auch ein eigenes Leben, klar?" So leicht gebe ich mich nicht geschlagen.

Später, als ich meine Schuluniform anhabe und mir die Zähne putze, kommt Mama ins Badezimmer und setzt sich auf den Rand der Wanne.

„Wir können Max nicht wegschicken", sagt sie und sieht mich im Spiegel an. Ich spucke die Zahnpasta ins Waschbecken.

„Ich weiß", antworte ich. „Es gibt hier in der Nähe keine Sonderschule."

„Nicht nur das." Mama zupft Frogs Haare von meinem Pulli. „Wir sind für Max verantwortlich. Und wir möchten, dass er bei uns ist. Wir möchten, dass er ein ganz normales Leben führt. So normal wie möglich."

Ich denke darüber nach, was sie gesagt hat. Wenn *ich* irgendwo anders leben müsste, ohne Mama und Papa, weit weg von unserem Haus und dem Hinterhof, und von Frog, der nachts die Opossums und die Füchse anbellt, und von all den Sachen in meinem Zimmer, wäre ich ganz schön traurig. Ich fühle mich sicher, wenn ich weiß, wo alles ist und wenn ich weiß, dass ich ein Zuhause habe, wo ich hingehöre.

„Wäre er doch bloß nicht so ein – …" Beinahe hätte ich „Kotzbrocken" gesagt, aber Jason Brown nennt Max einen Kotzbrocken. „Wenn er bloß nicht immer meine Sachen kaputtmachen würde", sage ich stattdessen, „… und nicht so viel Lärm machen würde. Oder mich schlagen, wenn er mal wieder ausflippt."

„Er wird lernen, damit aufzuhören", sagt Mama.

„Wann?“, will ich wissen. Im Spiegel sehe ich mein finsteres Gesicht.

„Wenn er so weit ist“, sagt Mama, aber das ist ja keine Antwort. „Jetzt komm, Papa wundert sich bestimmt schon, wo wir bleiben.“

Mama hält auf dem Parkplatz neben dem Schultor, hinter den Bussen, die die Kinder vom Land zur Schule bringen.

Die Kinder aus der Stadt strömen aus allen Richtungen herbei. Sie sehen brauner und größer aus als vor den Ferien und Luke Longman hat ein neues Fahrrad. Tanique winkt mir zu und ich winke zurück und springe aus dem Auto. Dabei vergesse ich völlig, dass ich eigentlich Bauchschmerzen habe. Ich vergesse auch, dass normalerweise immer Max als Erster aus dem Auto steigt.

Doch Max erinnert mich sofort daran.

Ich bleibe wie angewurzelt stehen. Ich sehe Jason Browns Grinsen. Auf dem Schulhof wird es ganz still. Alle wollen wissen, wer diesen furchtbaren Krach macht.

„Ali!“ Mama ruft mich zurück. Ich weiß, was ich zu tun habe. Ich muss wieder ins Auto steigen, die Tür zumachen und mich anschnallen. Und dann muss ich warten, bis Max sich beruhigt hat. Draußen starren die Kinder noch immer das Auto an. Auch ein paar Lehrer bleiben stehen.

„Jetzt komm, Max“, sagt Mama zu ihm. „Steig schon aus!“

Max hört auf zu schreien und steigt als Erster aus. Danach ist Mama mit Jake dran, dann Papa. Ich bin die Letzte.

Meine Bauchschmerzen melden sich wieder, schlimmer als vorher. Ich weiß genau, dass ich niemals so sein werde wie die anderen. Ich bin Max' Schwester und jetzt denkt die ganze Schule, dass auch mit mir was nicht stimmt. Wenn man einen Bruder wie Max hat, ist das so, als ob man auch selbst ein bisschen autistisch wäre.

„Deine Familie ist komisch“, sagt Tanique. Ich will sie schlagen und anschreien, doch dann fügt sie hinzu: „Euch ist es egal, was die anderen denken. Das ist echt cool.“

6. Kapitel: „Ich will rote Schlangen!“

Dieses Jahr sitze ich in der vierten Reihe, ganz hinten, obwohl ich sonst immer ganz vorn bin. Ich sitze hinter Len Van Erton, der größer und breiter ist als ich. Auf diese Weise kann Ms Mack nicht sehen, was ich mache. Mein Tisch ist genau neben dem Fenster, das auf den überdachten Gehweg rausgeht. Gegenüber sind die Fenster der Vorbereitungsklasse, in die auch Max geht. Aber ich kann nicht sehen, was er treibt, denn die Jalousien sind im Weg und in den Fenstern spiegelt sich das Schulhaus, also kann ich überhaupt nichts sehen.

„Also dann.“ Ms Mack versucht, unsere Aufmerksamkeit zu wecken, aber das ist schwierig nach den Ferien. „Ihr alle hattet spannende Sachen zu tun. Lasst mal sehen, was ihr noch von dem wisst, was wir im letzten Jahr gemacht haben. Wer kann mir sagen, woraus die Sonne besteht?“

„Käse!“ Das neue Schuljahr hat gerade mal zehn Minuten begonnen und Jason Brown muss schon wieder den Clown spielen.

„Nein, tut sie nicht! Käse würde schmelzen!“, wirft Luke Longman ein.

„Der Mond ist aus Käse“, sagt Morgan Wallace.

„Ich sehe schon, dass ihr noch nicht ganz wach seid.“ Ms Mack lacht. „Lasst uns das mal wissenschaftlich angehen. – Bethany?“

„Aus heißer Lava“, antwortet Bethany.

„Nein, nicht Lava. Sonst jemand?“ Ms Mack sieht zu mir herüber, also schaue ich weg. Dann klatscht sie in die Hände. „Aufwachen!“

Tanique, die neben mir sitzt, hebt die Hand. „Aus Gasen.“

„Na also, es geht doch“, stellt Ms Mack fest. „Und warum können wir die Sonne sehen, obwohl sie nur aus Gasen besteht?“

„Sie ist hell.“

„Warum ist sie hell?“

Ich brauche nicht länger zuzuhören. Ich weiß das alles. Ich habe sowieso wichtigere Dinge zu tun. Als ich sicher bin, dass Ms Mack nicht hinsieht, hole ich ein Blatt Papier heraus und bedecke es mit meinem Arm. Ich möchte nicht, dass jemand sieht, was ich schreibe, schon gar nicht Ms Mack.

Eine halbe Stunde später melde ich mich. „Entschuldigung …“ Ms Mack sieht auf. „Darf ich bitte kurz raus?“

Ms Mack sieht verwirrt aus.

„Es ist mein blöder Bauch, Ms Mack.“

Ich lasse das Blatt Papier in meiner Tasche verschwinden und gehe hinaus.

Ich bleibe vor der Tür der Vorbereitungsklasse stehen. Sie ist ein Stück weit offen und ich kann hineinschauen. Max sitzt auf einem Stuhl an einem Tisch ganz in der Nähe. Er lernt mit seiner Integrationshelferin, Ms Staindl, und ich möchte mich bloß vergewissern, dass sie ihre Arbeit gut macht.

Ich wusste schon, dass Max eine Integrationshelferin bekommen würde, weil Ms Staindl einmal bei uns war, um sicherzugehen, dass sie mit Max klarkommt. Sie wird montags, mittwochs und freitags die „Max-Managerin" sein. Dienstags und donnerstags kriegt er Mr Russo.

Die beiden sollen Max beim Lernen helfen und ihn beschäftigen, ihn in eine ruhige Ecke bringen, wenn er nicht so aufmerksam ist, wie er sollte, und vor allem dann, wenn er die Klasse stört. Ich weiß nicht, ob das so eine gute Idee ist. Ms Staindl und Mr Russo sind Fremde. Sie kennen Max nicht so gut wie Mama, Papa und ich.

Max lutscht an seinem Daumen, was nicht gerade vielversprechend aussieht. Aber da nimmt Ms Staindl ihm den Daumen aus dem Mund, was ich genauso gemacht hätte, also ist das ein gutes Zeichen. Sie

arbeiten mit Knetmasse, während die Lehrerin der Vorbereitungsklasse, Ms Ahern, den Kindern eine Geschichte vorliest.

„Nimm den Stift heraus!“, sagt Ms Staindl und zeigt Max, was er zu tun hat. Max hat Schwierigkeiten mit seinen Fingern, also zeigt Ms Staindl es ihm noch einmal. Als Max in die Knetmasse hineingreift und den Stift herauszieht, lobt Ms Staindl ihn.

„Gut gemacht. Nimm ihn raus. Gut. Und jetzt kannst du malen.“ Sie sagt die Wörter sehr langsam, damit Max sie versteht.

Wie man malt, weiß Max genauso wenig, und Ms Staindl muss ihm auch das zeigen: wie man den Stift richtig hält und wie man ihn auf das Papier aufsetzt und wie man etwas ausmalt.

Sie muss ihn ständig davon abhalten, sich die Knetmasse oder den Stift in den Mund zu stecken. Es ist nämlich so, als würde Max lernen, wie sich Dinge anfühlen, indem er sie mit der Zunge befühlt.

Hin und wieder, wenn Max' Konzentration nachlässt, macht Ms Staindl eine Pause und sagt: „Max, Nase anfassen, Ellbogen anfassen, Ohr anfassen, Knie anfassen!“ Max macht das so lange, bis seine Aufmerksamkeit zurückkehrt.

Dann, nachdem Max einige Male gezeigt bekommen hat, wie er den Stift herausnehmen und wie er malen kann – mit einer Menge von „Guter Stift! Gut gemacht! Gut gemalt!"-Zurufen von Ms Staindls sehr fröhlicher Stimme – kann er es allein. Max macht das ganz gut und ich bin richtig stolz auf ihn. Ms Staindl gibt ihm eine rote Gummischlange, was für Max das Beste überhaupt ist.

Max liebt rote Schlangen. Er gibt sich Mühe, alle ihm aufgetragenen Aufgaben zu erfüllen, wenn er am Schluss eine rote Schlange dafür bekommt. Mama und ich wissen das, und ich bin froh, dass seine Integrationshelferin es auch weiß.

„Ali, was machst du denn da draußen vor der Tür?" Oh nein! Muss das sein? Jetzt hat Ms Ahern mich gesehen.

„Ich muss Ihnen etwas geben." Ich beschließe, die Wahrheit zu sagen.

„Jetzt? Und was soll das sein?" Ms Ahern sieht nicht so aus, als würde sie mir glauben. „Hm. Dann wärst du vielleicht besser reingekommen, oder?"

Obwohl ich Ms Ahern kenne, weil sie auch meine Lehrerin in der Vorbereitungsklasse war, fühle ich mich unsicher. Erwachsene mögen es nicht, wenn man ihnen sagt, was sie zu tun haben.

„Ähm … ich dachte, sie sollten diese Liste haben." Ich halte ihr mein Blatt Papier entgegen.

Was Sie über Max wissen sollten

Sagen Sie nicht das Wort „nicht" oder Sie erleben eine böse Überraschung.

Hängen Sie nicht so viele Bastelarbeiten in der Klasse auf (zum Beispiel Quallen aus Krepp-Papier, die von der Decke hängen), wie wir sie hatten, als ich in der Vorbereitungsklasse war. Oder Glitzersachen. Max schaut sie sonst stundenlang an.

Schalten Sie Computer im Klassenzimmer lieber aus, sonst bekommen Sie niemals wieder Max' Aufmerksamkeit. Vor allem findet er es toll, wenn Computer sprechen können.

Kleben Sie überall Schilder hin, damit Max weiß, wo alles ist. Schilder mit Bildern sind am besten.

Wenn Max zu laut wird, kann man ihn manchmal mit Musik beruhigen.

Haben Sie immer einen Vorrat an Gummischlangen dabei, zur Belohnung, wenn er etwas richtig gemacht hat. Die roten mag er am liebsten.

„Aber ich glaube, Ms Staindl weiß das schon, also wissen Sie's ja vielleicht auch", sage ich, als ich sehe, dass Ms Ahern den letzten Ratschlag auf meiner Liste liest.

„Das ist wirklich eine gute Liste", lobt Ms Ahern, nachdem sie sie nochmals gelesen hat. „Das ist sehr aufmerksam von dir und ich bin froh, dass du hergekommen bist. Ich werde Ms Staindl eine Kopie davon machen." Sie wirft Ms Staindl über meinen Kopf hinweg einen Blick und ein Lächeln zu. „Und jetzt lässt du mich mal wieder mit meinen Schülern weitermachen – und du gehst zurück in deine Klasse."

Als ich in mein Klassenzimmer zurückkomme, habe ich, was die Schule angeht, ein etwas besseres Gefühl. Bis ich merke, dass Jason Brown mich anschaut und seinen Mund zu einem höhnischen Grinsen verzogen hat. In diesem Moment weiß ich ganz genau, dass er mich und Max niemals in Ruhe lassen wird.

7. Kapitel: Liebe Ms Mack!

Liebe Ms Mack!

Ali konnte gestern Abend ihre Hausaufgaben nicht machen, weil wir auf dem Heimweg von der Schule Max' Kleidung verloren haben und etwa zwei Stunden gebraucht haben, um sie wiederzufinden, und danach war es zu spät.

Mit freundlichen Grüßen,
Greta Stanford

Ms Macks Augenbrauen schauen ganz seltsam aus. Sie schnellen hoch, bis hinauf zu ihren Ponyfransen und sie hat ein Runzeln über der Nase. Sie sieht mich an und versucht, das Lachen in ihren Augen zu verbergen.

„Entweder ist das wahr, Ali, oder deine Mutter hat noch mehr Fantasie als du", sagt sie.

Aber es *ist* wahr. Wir haben gestern für die Rückfahrt von der Schule zwei Stunden gebraucht, obwohl sie normalerweise nur zehn Minuten dauert. So ist das jedenfalls, wenn wir nicht nach Max' Anziehsachen suchen müssen.

Als keiner von uns aufgepasst hat, hat Max alle seine Sachen ausgezogen, – obwohl er in seinem Sitz angeschnallt war. Dann hat er sie aus dem Fenster geworfen. Erst als er nichts mehr anhatte und uns das durch sein Herumgekichere mitteilte, haben wir es bemerkt.

Mama hat gesagt, es sei meine schuld und dass ich im Auto nicht lesen sollte und dass sie hinten keine Augen hätte.

Wir drehten um und fuhren langsam den Weg zurück, den wir gekommen waren. Max' Kappe war leicht zu finden. Sie war auf einen Pfosten geflogen. Sein Shirt lag auf einem Strauch. Seine Shorts waren im Rinnstein gelandet, aber seine Socken waren futsch. Sonst fanden wir alles bis auf einen Schuh, sodass wir ständig auf der blöden Landstraße hin- und herfahren mussten, bis es fast dunkel war. Mama wendete immer wieder das Auto und obwohl die Scheinwerfer an waren, beschwerte ich mich unentwegt, dass ich überhaupt *nichts* mehr sehen konnte.

„Nur noch ein einziger Versuch", sagte Mama. „Die Schuhe waren fast neu." Also strengte ich mich noch mehr an, den Schuh in dem schummrigen Licht zu erspähen. Wenn ich später eine Brille brauche, ist es Max' Schuld.

Wir fanden Max' Schuh auf dem Friedhof, wo wir anhielten, weil Max pieseln musste. Ich sah seinen Schuh als Erste. Er lag hinterm Zaun, auf einem Zementblock mit einem Namen drauf. Und ein Engel zeigte darauf. Darüber musste Mama lächeln und Jake glucksen, aber mir war überhaupt nicht zum Lachen zumute.

8. Kapitel: Warum ich Jason Brown nicht schlagen darf, wenn ich sauer bin

Warum ich ~~Idioten~~ Jason Brown nicht schlagen darf, wenn ich sauer bin

Von Ali Stanford

Es ist keine gute Idee, Jungen zu schlagen, denn sie könnten zurückschlagen. Aber selbst, wenn sie nicht zurückschlagen, ist es keine gute Idee, denn mit Schlagen gewinnt man keine Auseinandersetzung. Das sagt zumindest Mr Tsiastias.
Sogar, wenn man einen sehr guten Grund hat, jemanden zu schlagen, weil derjenige einen ärgert oder gemein oder rücksichtslos ist, soll man von zehn rückwärts zählen und noch mal nachdenken, sagt Ms Mack.
Ich persönlich bin nicht der Meinung, dass das immer so funktioniert.

Das ist nicht fair! Immer bekomme ich Ärger, selbst wenn ich versuche, das Richtige zu tun.

Ms Ahern hat einen Max-Dienstplan organisiert. Sie nennt ihn „Kumpel-System" und er sieht vor, dass Max während der Schulpause und beim Mittagessen betreut wird, sodass seine Integrationshelfer auch mal Pause machen können. Ms Ahern sagt, es sei gut für die älteren Kinder, „Max-Tutor" zu sein, aber sie müssen auch verantwortungsbewusst sein. Nur vernünftige Kinder, die Max mögen und ihn nicht ärgern, dürfen auf ihn aufpassen – womit Jason Brown ausgeschlossen ist.

Ich und Katie Wyatt und Tanique waren heute Max-Tutoren. Ich bleibe normalerweise am Tor, sodass ich von dort ein Auge auf Max haben kann. Wenn er vom Schulgelände abhauen will, kriege ich es mit. Meistens läuft Max immer nur innerhalb des Schulhofs herum und treibt damit alle bis zur Erschöpfung – nur mich nicht. Ich kann mit Max Schritt halten, denn ich bin ja ständig im Training. Aber heute ist er übern Zaun in der Nähe des ovalen Spielfelds geklettert, wo die großen Jungs Football spielen. Er war allein und hing einfach so herum, aber ich habe gleich gesehen, dass er gern mitspielen wollte.

„Max, magst du den Hang runterrollen?", versuchte ich ihn vom Spielfeld wegzulocken. Max liebt es, sich den Hang herunterkugeln zu lassen, aber heute hörte er gar nicht erst zu. Er hatte eine andere Idee.

„Max! *Runterrollen!*"

Max lief los, auf die Jungs mit dem Football zu. Dann sah er auf einer Bank Luke Longman sitzen, drehte ab und setzte sich neben ihn, ganz nah. Er legte den Kopf auf Lukes Knie. Luke rutschte ein Stück weg und Max hinterher. Und dann leckte er Lukes Knie.

„Bah! Pfui!“ Luke sprang auf und rannte aufs Spielfeld. Max folgte ihm lächelnd. Er verstand nicht, dass er, wenn die älteren Kinder spielen, aus dem Weg gehen muss, nicht herumstehen, nicht mit den Armen fuchteln und nicht zwischen den Torpfosten herumrennen darf. Es gibt um das Spielfeld herum keinen Zaun und keine Tür, da ist alles offen und Max platzte halt einfach hinein.

„Weg hier, du!“, schrie Luke, fing den Ball und duckte sich weg. Max trottete ihm hinterher.

„Max! Komm zurück!“ Ich folgte Max bis zum Rand des Spielfelds. Aber Max hörte nicht hin, er schlurfte einfach weiter hinter Luke her.

„Hol ihn hier weg! *Max!* Weg!“ Jason Brown kam auf mich zugerannt, schrie Max' Namen und jagte ihm damit Angst ein. Es ist falsch, Max' Namen in etwas zu verwandeln, wovor er Angst hat. Das sagte ich Jason.

„Was weißt du denn schon? Du bist ja genauso schlimm“, schnaubte Jason Brown verächtlich. „Du bist ja auch blöd.“

„Bin ich nicht.“

„Wahrscheinlich hat er's von dir. Er macht dich einfach nur nach.“

„Nimm das zurück!“ Jetzt wurde ich auf einen Schlag richtig wütend.

„Vergiss es!“

„Nimm das zurück oder …“

„Oder *was?*“

Jetzt hätte ich rückwärts zählen sollen.

„Bring diesen Blödmann hier weg.“ Das war genau *einmal* zu viel, dass Jason Brown „Blödmann“ gesagt hatte.

Ich spürte, wie meine Finger sich zu einer Faust zusammenballten. Ich und Jason Brown standen Auge in Auge da und bevor ich wusste, wie mir geschah, schoss meine Hand hoch und knallte Jason Brown auf die Nase. Er jaulte auf und dann fing seine Nase an zu bluten und hinterließ eine Schweinerei auf seinem Shirt und eine Minute später kam Mr Tsiastias angerannt und Jason machte ein Riesentheater, wie sehr ich ihm wehgetan hätte, und die Jungs erzählten Mr Tsiastias genau, was passiert war, aber sie alle vergaßen dabei zu erwähnen, dass sie Max beschimpft hatten.

Jedenfalls ist das der Grund, weshalb ich jetzt nachsitzen und darüber schreiben muss, warum ich erst denken und dann handeln soll, und weshalb Mr Haskell, der Schuldirektor, meiner Mutter einen Brief nach Hause schickt.

Als ich nach Hause komme, weiß Mama schon Bescheid, denn Ms Mack hat angerufen.

„Ali, du kannst keine Probleme lösen, indem du Leute schlägst", sagt Mama mit sehr strenger Stimme.

„Max macht das auch so", antworte ich.

„Max weiß es nicht besser." Mama lässt Max niemals als Ausrede gelten. „Du kannst Jason mit Worten überzeugen und ihn die Dinge mit anderen Augen sehen lassen. Max hat aber solche Worte noch nicht zur Verfügung."

„Aber Jason Brown hat ihn geärgert."

„Irgendwer wird Max immer ärgern. Besser, du gewöhnst dich dran." Das klingt so, als würde Mama allmählich der Geduldsfaden reißen.

„Niemals!"

„Dieser Junge ist kein bisschen besser dran als Max. Er hat Wörter, er kann seine Gedanken sinnvoll ausdrücken. Er hat Verstand, aber er benutzt ihn nicht." Mama wird sehr leidenschaftlich. „Er muss noch genauso viel lernen wie Max."

So wie Mama es erklärt, lässt sie mich Jason Brown mit anderen Augen sehen. Ich bin immer noch wütend, aber er tut mir auch ein bisschen leid. Vielleicht kann er nichts dafür, dass er so doof ist. Mama hat mir klargemacht, dass er Sachen lernen muss, genau wie Max, und Jason Brown hat keine Behinderung. „Einfach strohdumm", nennt Mama ihn. Wenn man ihn schlägt, lernt er nichts dazu.

Als ich ins Bett gehe, kann ich nicht gleich einschlafen. Ich überlege, wie man Jason Brown davon abbringen kann, so doof zu sein, aber das ist leichter gesagt als getan.

9. Kapitel: Max hängt in der Luft

Es ist noch mal passiert! Von Zehn auf Null rückwärts zählen funktioniert nicht – schon gar nicht in einem Notfall, wenn ich nicht klar denken kann.

Ms Mack war heute nicht da und eine neue Lehrerin ist für sie eingesprungen. Sie ging in der Mittagszeit auf dem Pausenhof auf und ab, als sie zwei Kinder schreien hörte. Ich hörte sie auch – und fand schnell heraus, was los war.

„Ali, komm her! Schnell!" Morgan Wallace und Erin Lovering waren heute die Max-Tutoren. Max war schon wieder in Schwierigkeiten, dabei hatte die Mittagspause gerade erst angefangen!

Max steckte zwischen zwei Sprossen des Klettergerüsts fest. Es tat ihm nicht weh, er war einfach eingeklemmt und wusste nicht, was er tun sollte, um wieder herauszukommen und er wusste auch nicht, dass – und wie – er um Hilfe rufen konnte. Also blieb er einfach, wo er war.

„Du kommst mal besser da runter, junger Mann." Bevor ich irgendetwas retten konnte, war die neue Vertretungslehrerin herbeigekommen. Max nahm sie nicht zur Kenntnis.

„Du da oben!“ Die Vertretungslehrerin versuchte es noch einmal. „Komm runter!“

„Er weiß nicht, dass Sie mit ihm reden“, begann ich zu erklären.

„Vor allem sollte er überhaupt gar nicht da oben sein. Das ist gefährlich“, sagte die Vertretungslehrerin.

„Er weiß es nicht besser“, versuchte Tanique mir zu Hilfe zu kommen.

„Es gibt Regeln in der Schule – und gefährliches Verhalten ist verboten.“ Die Vertretungslehrerin änderte allmählich ihren Tonfall. Sie wurde immer ärgerlicher, denn Max lächelte obendrein noch.

„Max ist nicht so wie andere Kinder“, probierte ich es noch einmal.

„Die Regeln gelten aber für alle, damit sich niemand verletzt.“

„Aber er versteht sie nicht.“

„Kann er nicht oder will er nicht? – Wie heißt er?“

„Max.“

„Max, komm jetzt runter!“

Max hing einfach weiter da, egal, was die Vertretungslehrerin auch tat. Am Ende musste ich so weit zu ihm hochklettern, dass er mich sehen konnte. Während Tanique ihm die Beine führte, redete ich auf ihn ein, bis er unten war. Sobald er wieder festen Boden unter den Füßen hatte, fing er an zu weinen.

„Jetzt fang hier kein großes Geheule an! Dazu gibt es keinen Grund“, sagte die Vertretungslehrerin und versuchte ihrer Stimme einen freundlichen Klang zu geben, aber das machte es für Max nur noch schlimmer.

„Entschuldigen Sie“, unterbrach ich sie, denn mir wurde allmählich unwohl bei der Sache, „Sie können ihm nicht sagen, dass er nicht *anfangen* soll zu heulen, wenn er's schon längst tut.“

„So ein Quatsch!“ Manche Erwachsene hassen es, wenn Kinder ihnen sagen, was sie zu tun haben. „Es gibt keinen Grund zu weinen.“ Sie wandte sich an Max und wollte ihn trösten. „Komm schon, Max, heul nicht!“ Jetzt hatte die Vertretungslehrerin das N-Wort gesagt!

„Das hätten Sie nicht sagen dürfen!“, stöhnte ich. „*Nicht* ist für Max kein gutes Wort.“

„Jetzt hör mal gut zu, ich hab langsam genug von diesem Unsinn.“ Die Vertretungslehrerin wurde noch verwirrter, als Max' Weinen in ein Schluchzen überging.

„Ich auch!“ Kaum hatte ich das ausgesprochen, wusste ich schon, dass ich es nicht hätte sagen sollen.

„Ali!“ Tanique versuchte mich wegzuziehen.

„Warum lassen Sie ihn nicht einfach in Ruhe, Sie dumme alte Kuh?“

Wenn man einen Lehrer beschimpft, muss man eine Strafarbeit machen. Schon wieder. Jetzt muss ich noch einen Aufsatz darüber schreiben, warum ich hier sitze und was ich hätte sagen sollen. Schon wieder. Unser Schulleiter wird noch einen Brief an meine Mutter schicken, nachdem er mir gesagt hat, wie enttäuscht er von mir ist, und Mama wird wütend werden. Schon wieder.

„Ali, das ist das zweite Mal in zwei Tagen!“, sagt Mama. Als ob ich nicht zählen könnte. Ich versuche zu erklären, dass es nicht meine Schuld war. Es war Max’ Schuld und die der Vertretungslehrerin, weil sie mir nicht zugehört hat und weil sie gar nicht erst versucht hat zu verstehen.

„Das entschuldigt nicht dein Verhalten“, sagt Mama. „Du bist selbst dafür verantwortlich, was du tust. Du und kein anderer. Und du kannst nicht einfach ‚dumme alte Kuh‘ zu deinen Lehrerinnen sagen.“

„Sie kennen Max nicht so gut wie ich.“

„Du gibst ihnen ja auch keine Chance.“

„Und wenn was passiert?“

„Es wird nichts passieren.“

„Und wenn doch?“

„Du kannst nicht *immer* da sein, Ali. Das kann keiner von uns.“

Das Schlimme an Müttern ist, dass sie immer das letzte Wort haben müssen. Also werde ich, nachdem ich schon eine Strafarbeit schreiben muss, noch dazu in mein Zimmer verbannt.

Kurz danach habe ich eine gute Idee. Es ist die beste Idee, die ich jemals hatte: Ich werde noch einen Aufsatz schreiben, aber diesmal werde ich ihn 375-mal kopieren. Ich werde ihn allen in den Schrank legen und an alle schwarzen Bretter hängen und allen Lehrern geben und ein paar Blätter aufheben, falls irgendjemand neu an unsere Schule kommt. Vielleicht bringe ich ihn sogar in die Zeitung. Auf diese Weise wird jeder Bescheid wissen und keiner wird sich jemals wieder über Max wundern.

Mein Bruder Max

Wenn Max aufgeregt ist, schlägt er mit seinen Armen wie ein Vogel mit den Flügeln und er quietscht und piepst dabei auch wie ein zirpender Vogel.
Wenn er glücklich ist, führt Max einen kleinen Glückstanz auf. Er trottet wie ein Pferd, wenn er sich gut fühlt. Dann zittern seine Knie und schlagen gegeneinander, als ob seine Beine aus Gummi wären. Manchmal gackert er wie ein Huhn oder pfeift wie ein Delfin. Max hat seine eigene Sprache und ich kann an den Lauten, die er von sich gibt, erkennen, wie er sich fühlt.
Aber Max ist nur selten glücklich, denn niemand sonst versteht, was er meint, und er versteht uns nicht. Max weint viel. Wenn ich ihn weinen sehe, fühle ich mich ganz schuldig. Mama sagt, ich habe eine glänzende Zukunft vor mir, aber niemand weiß, wie Max' Zukunft aussehen wird. Deshalb versuche ich, Max zum Lachen zu bringen. Damit er vergisst zu weinen und nicht mehr traurig ist. Aber meistens schiebt er die Dinge weg, für die ich sein Interesse wecken möchte, und macht einfach, was er will.

An manchen Tagen ist Max gar nicht er selbst. Papa sagt, er ist dann ganz woanders, wohin ihm niemand folgen kann. Es muss ein schrecklicher Ort sein, denn er bekommt fürchterliche Wutanfälle und ist total außer sich. Er sieht uns nicht an, hält sich die Ohren zu und schreit. Max ist allein, aber ich bin auch allein, weil ich dann nicht weiß, was ich tun soll. Mama und Papa wissen es auch nicht. Wie können wir ihm nur helfen, wenn er so außer sich ist?
Aber obwohl Max anders ist, hat niemand das Recht, ihn als „E.T.", „Spinner" oder „Blödmann" zu bezeichnen. Max ist nicht dumm. Nur, weil er sich so verhält, als ob er uns nicht brauchen würde, heißt das noch lange nicht, dass er uns nicht doch braucht. Vielleicht sind ja auch wir die Dummen. Wenn wir lernen würden, alles zu verstehen, was Max mit seinen Lauten sagt, könnten wir ihm beibringen zu verstehen, was wir meinen, und dann würde sich niemand mehr allein fühlen.

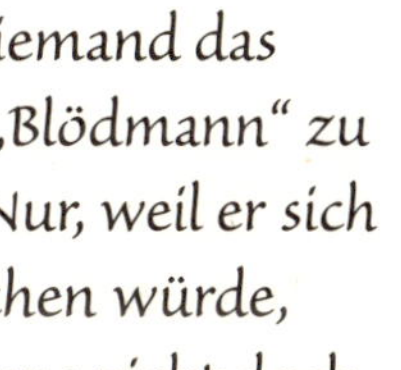

Ali Stanford

Ich verziere meinen Aufsatz mit Bildern von Max, auf denen er ein Muster aus Blüten legt. Dann gebe ich ihn Mama, damit sie meine Rechtschreibung überprüft.

Als Mama meinen Aufsatz gelesen hat, ist sie nicht mehr sauer auf mich. Sie sieht mich mit feuchten Augen an.

„Ali, möchtest du gern, dass einer von uns beiden mal in die Schule kommt und einen Vortrag hält?“, fragt Mama und ich denke einen Moment darüber nach.

„Das könnte was bringen“, sage ich ihr, „wenn es von euch kommt.“

10. Kapitel: „Max, sag mal ‚tanzen'!"

Papa steht vor der Klasse und tritt nervös von einem Fuß auf den anderen. Ich sitze im Publikum, drücke ihm die Daumen und bin noch aufgeregter als er. Wenn Papa es nicht schafft, dass die anderen Max verstehen, kann es ihnen niemand klarmachen!

„Ruhe, bitte!" Ms Mack hat in einem Halbkreis Matten ausgelegt, sodass drei Klassen zusammengedrängt sitzen können. Ein paar von den anderen Lehrern sind auch gekommen.

„Mr Stanford wird uns etwas über Autismus erzählen, damit wir uns damit besser auskennen. Seid bitte ruhig und hört zu."

„Langweilig." Jason Brown sitzt hinter mir und tritt mich mit dem Fuß.

„Jason!" Ms Mack holt ihn neben sich nach vorn und gibt Papa mit einem Nicken zu verstehen, dass er anfangen soll.

„Man kann Autismus nicht sehen." Papa räuspert sich. Er hat immer ein Kratzen im Hals, wenn er vor einer Gruppe sprechen muss. „Es ist nicht wie Masern, mit roten Flecken und Pusteln, oder wie Mumps, wenn man einen geschwollenen Hals kriegt.

Es ist nicht so, wie wenn man sich ein Bein bricht und wochenlang auf Krücken gehen muss und dann wächst der Knochen wieder zusammen. Und auf gar keinen Fall ist es ansteckend – wie eine Erkältung."

Luke Longman niest und alle lachen. Ms Mack nennt ihn den Klassenclown.

„Niemand weiß, wodurch Autismus verursacht wird", fährt Papa fort, als sich alle beruhigt haben. „Kein Autist ist so wie der andere. Aber grundsätzlich kann man sagen, dass Autismus die Art und Weise beeinflusst, wie ein Mensch sieht, hört und denkt – mit anderen Worten: wie er die Welt wahrnimmt."

„Sehen Leute mit Autismus alles schwarz-weiß, wie Kühe?", will Katie Wyatt wissen.

„Kühe *können* in Farbe sehen", widerspricht Mark Ruse, dessen Eltern einen Bauernhof haben.

„Psssst." Ms Mack legt einen Finger auf die Lippen.

„Na ja." Papa versucht angestrengt, die Fäden wieder aufzunehmen. „Das Problem ist nicht, *was* Max' Augen sehen, sondern eher, wie sein Gehirn die Informationen, die es bekommt, ‚sieht' oder verarbeitet. Max versteht die Dinge nicht so wie wir, und deshalb ist das Leben sehr verwirrend für ihn. Die meiste Zeit ist er einfach nur ängstlich und versucht herauszufinden, was die Dinge um ihn herum bedeuten. Das heißt, dass wir nichts dafür können,

wenn er plötzlich losheult, nach uns schlägt oder andere seltsame Dinge tut. Damit will er uns sagen, dass er Angst hat und außer sich ist, aber er kann es uns nicht mit Worten mitteilen, die *wir* verstehen."

„Heißt das, dass Autismus damit auch *unser* Problem ist?", fragt Ms Mack.

„Ja, ich denke schon", stimmt Papa zu.

Christos Tatoulis' Hand schießt nach oben. „Meine Oma kommt aus Griechenland. Sie versteht nicht, was ich sage, weil sie kein Englisch kann."

„Ja, so ähnlich ist das", bestätigt Papa. „Autistische Kinder haben Schwierigkeiten zu kommunizieren. Aber Max lernt ständig dazu, und wir haben herausgefunden, dass er mit geschriebenen Wörtern mehr anfangen kann als mit gesprochenen. Max fängt langsam an, Wörter zu erkennen, aber er kann sie noch nicht sagen. Vielleicht wird er das auch niemals können. Stellt euch mal vor, wie das wäre, wenn ihr nicht sprechen könntet." Papa schaut sich in der Klasse um und ich mache dasselbe. Einige Kinder haben die Augen geschlossen und ihre Gesichter sehen traurig aus.

„Max hat noch ein anderes Problem: Er weiß nicht, dass Menschen wichtiger sind als Gegenstände. Deshalb blickt er den Leuten auch nicht ins Gesicht um zu sehen, wie sie sich fühlen. Er bemerkt gar nicht, wenn ihre Münder lächeln oder ob ihre Augen böse aussehen, wenn sie ihre Fäuste ballen oder ob sie die Stirn runzeln. Das alles nennt man ‚Körpersprache'. Oft ist es so, dass Max mich überhaupt nicht anschaut, wenn ich mit ihm rede. Am liebsten würde ich ihm dann sagen: ‚Max, schau mich an, wenn ich mit dir spreche.'"

„Genau das sage ich auch immer zu euch, wenn ihr mal wieder frech seid und nicht zuhört", erinnert Ms Mack die Klasse.

„Aber Max ist nicht frech", sagt Papa. „Er weiß nicht, dass er antworten soll, wenn man ihm eine Frage stellt. Er beachtet uns nicht, weil er nicht weiß, was er machen soll. Mit anderen Worten: Max weiß nicht, wie er sich verhalten soll, wenn er unter Leuten ist. Und wahrscheinlich ist er deshalb auch so gern allein."

„Hat er denn gar keine Manieren?" platzt Jason Brown heraus ohne sich vorher gemeldet zu haben. Ms Mack fragt ihn, wo denn *seine* Manieren geblieben seien.

„Na ja", sagt Papa, nachdem Jason die Hand gehoben und seine Frage noch mal gestellt hat, „es geht dabei nicht wirklich um gutes Benehmen. Max weiß viele Dinge gar nicht, die für uns selbstverständlich sind, und die wir einfach so von unserer Umgebung übernehmen oder voneinander lernen. Es gibt da ein tolles Wort, das heißt ‚Empathie'. Weiß jemand, was ‚Empathie' bedeutet?"

„Ist das eine Krankheit? Hat Max die auch?", will Luke Longman wissen. Er interessiert sich immer mehr für das, was mein Vater sagt. Ms Mack weist ihn nicht zurecht, obwohl er sich nicht gemeldet hat. Dafür muss sie viel zu sehr lächeln.

„Nein." Auch Papa muss lachen. „Empathie ist keine Krankheit. Empathie bedeutet, dass man weiß, wie andere Menschen sich fühlen. Wir bezeichnen das auch als ‚Einfühlungsvermögen'. Ihr habt Empathie, ich habe Empathie. Aber Max nicht. Er weiß nicht, wie andere Menschen sich fühlen. Zum Beispiel, als Ali letztens in der Pause auf dem Spielplatz hingefallen ist – was hat Max da gemacht?"

„Er hat gelacht. Ich hab's gesehen", sagt Tanique. „Ich fand das überhaupt nicht komisch."

„Weil du dir vorstellen kannst, wie Ali sich gefühlt haben muss. Sie hätte sich wehtun können. Max hat gelacht, weil er ihre Gefühle nicht nachvollziehen kann", erklärt Papa. „Er weiß nicht, wie andere Leute denken und fühlen. Ihr wisst jetzt, dass er sich nicht in andere hineinversetzen kann. Aber *ihr* könnt euch in *ihn* hineinversetzen. Ihr könnt euch vorstellen, wie das ist, wenn man nicht weiß, was man tun soll."

Wieder sehe ich mich in der Klasse um. Alle sind leise und hören Papa zu. Alle, sogar Jason Brown, stellen sich vor, wie es ist, Max zu sein. Ich bin beeindruckt.

„Wir müssen ganz vorne anfangen und ihm alles Schritt für Schritt beibringen", sagt Papa.

„Wie einem Baby?", fragt Morgan Wallace.

„Ja, genau so ist es. Wir bringen ihm bei, was er wann und wie zu tun hat."

„Es kann ein bisschen länger dauern, aber Max wird es schaffen." Das habe ich meine Mutter sagen hören und ich möchte, dass es alle wissen. Max kann lernen. Bevor meine Hand nach oben schießt, habe ich schon angefangen zu reden und diesmal wirft Ms Mack mir einen stirnrunzelnden Blick zu.

„Gibt es etwas, das Max gut kann?", möchte Papa als Nächstes wissen.

„Max kann gut mit Zahlen umgehen", fängt Tanique an.

„Und mit Farben. Er kann den Farben die Wörter zuordnen." Luke Longman hebt den Arm. „Und er ist ein guter Schwimmer."

„Max liebt ‚Jim Knopf und Lukas der Lokomotivführer'", erinnert sich Erin Lovering.

„Und Tiere." Tanique weiß eine ganze Menge.

„Dienstage! Dienstag ist sein Lieblingstag."

„Er weiß immer, was wir als Nächstes machen", fügt Ms Ahern hinzu und bringt uns damit zurück zum Thema.

„Ja, das stimmt, nicht wahr?" Papa nimmt den Faden wieder auf. „Max liebt Routine. Die Nacht-Routine. Die Morgen-Routine. Die Zur-Schule-Geh-Routine. Max ist zufrieden, wenn er weiß, was er zu tun hat. Deshalb haben wir in seinem Klassenzimmer diese Pinnwand hier aufgehängt." Papa zeigt auf eine Korkwand. Dort hängt der Stundenplan der Vorbereitungsklasse in Worten und in Bildern, extra für Max.

„Nach dem Spielen vorgelesen bekommen. Ein Mittagsschlaf. Schwimmen am Donnerstagnachmittag. Routine bringt Ordnung in Max' Leben. Wenn alles so abläuft, wie er es kennt, fühlt er sich sicher. Aber es gibt auch ein paar Dinge, von denen wir Max abhalten müssen. Welche könnten das sein?"

„Dass er die ganze Zeit an seinen Haaren herumfummelt." Luke Longman klingt allmählich so, als sei er „Max-Experte".

„Sonst noch jemand?" Ms Mack zeigt auf Mary Bolis.

„Max leckt dauernd sein Kinn", sagt Mary.

„Er steckt alles in den Mund, was er in die Finger kriegt", fügt Tess Griffin hinzu.

„Ja, genau so ist es", stimmt Papa zu. „Und er weint, wenn er nicht bekommt, was er will. Er starrt die Lampe an und knipst sie an und aus. Auch solche Sachen geben Max ein sicheres Gefühl."

„Und in der Nase popeln." Das kann nur Jason Brown gewesen sein.

„Das machst du ja auch", wirft Luke Longman ein.

„Alles klar, Jungs, wir haben's verstanden", bringt Ms Mack die beiden schnell zum Schweigen.

„Alle diese Dinge geben Max ein Gefühl der Sicherheit, denn für ihn machen sie Sinn, während vieles in seiner Umgebung für ihn keinen Sinn ergibt."

„Wie das denn?", fragt Jason Brown und vergisst schon wieder, sich zu melden. Er sieht überhaupt nicht mehr gelangweilt aus.

„Wenn du etwas immer wieder und wieder tust, weißt du, was als Nächstes passieren wird, stimmt's? Ein Ritual ist für Max eine weitere Methode, die Kontrolle zu behalten, denn meistens ist für ihn die Welt außer Kontrolle." Papa wirft einen Blick auf seine Armbanduhr. „So, dabei will ich es belassen. Aber denkt nochmals darüber nach: Wenn wir in Deutschland leben wollten, würden wir Deutsch lernen. Wenn wir nach Russland gingen, würden wir

Russisch lernen, und in Indonesien Indonesisch. Ich sehe nicht ein, warum wir nicht auch lernen können, Max zu verstehen." In diesem Moment schaut Papa zu mir herüber und ich weiß, dass er das aus meinem Aufsatz hat.

„So wie ich Griechisch lernen musste, weil meine Oma zu alt war, um noch Englisch zu lernen", wirft Christos Tatoulis ein.

„Ganz genau", sagt Papa. „Und war das schwierig?"

„Leicht!", antwortet Christos strahlend. Papa setzt sich hin.

„Ali, möchtest du noch irgendwas hinzufügen?", fragt mich Ms Mack und ich zucke vor Schreck zusammen.

„Ich weiß nicht." Plötzlich bin ich verlegen.

„Na, komm schon", lächelt Ms Mack. „Du hast doch auch sonst immer eine Menge zu sagen."

„Nein. Ich finde, Papa hat alles gesagt."

„Ja, das finde ich auch." Ms Mack drängelt mich nicht weiter. „Ich denke, ihr solltet Mr Stanford Beifall klatschen und ihm für seinen interessanten Vortrag danken."

Alle fangen an herumzuzappeln, denn es hat schon geläutet. Stimmen dringen durch die Fenster herein und draußen poltern Kinder über den Flur.

Heute wird das Ende der Stunde durch ein Lied aus dem Radio eingeläutet, das schwach und verzerrt aus Lautsprechern kommt, die hoch über der Tafel hängen. Und heute – vielleicht weil Papa in der Schule ist –, treibt sich Max vor der Tür unseres Klassenzimmers herum. Er tanzt zur Musik und hüpft dabei auf und ab.

„He, Max!", ruft Jason Brown. Diesmal liegt kein verächtliches Schnauben in seiner Stimme, wie sonst. „Willst du mitmachen?" Dann fängt er an, Ms Ahern zu bequatschen, ob er nicht beim „Kumpel-System" dabei sein kann, wie die anderen auch.

Ms Ahern meint, sie werde darüber nachdenken, und lächelt Papa zu. „Ich glaube, es hat funktioniert", sagt sie und ich weiß, was sie meint.

„Alles klar, und jetzt Ruhe, bitte!" Ms Mack muss lauter sprechen. „Die rote Gruppe steht zuerst auf, die blaue Gruppe als nächste, Grün als dritte und Gelb zuletzt. Verlasst langsam den Raum, in dieser Reihenfolge. Nicht rennen, Luke!"

„Das ist auch so etwas, was Max liebt", sagt Papa und geht gemeinsam mit der Klasse zur Tür. „Er liebt Musik und er tanzt gern."

Inzwischen sind alle Kinder aufgestanden. Max wackelt im Takt der Musik mit dem Po und Jason Brown macht sofort mit. Katie Wyatt kommt hinzu und Christos Tatoulis, Mary Bolis, Damian Connor, Luke Longman und Mark Ruse. Bald tanzen, hüpfen, wackeln und gestikulieren alle wild herum.

„Sag mal ‚tanzen', Max!" Auch Tanique fängt an zu tanzen. „Sag ‚tanzen'!"

„N… n… n…", sagt Max. Jetzt beobachtet er Jason Brown und macht seine Bewegungen nach.

„Du tanzt richtig gut, Max!", sagt Ms Mack. „Gut machst du das."

„Komm schon, Ali!" Papa schaut zu mir herüber. „Mach mit!"

Ich schüttele den Kopf. Ich will nicht. Plötzlich geht es mir überhaupt nicht mehr gut. Jetzt wissen alle Bescheid über Max, aber was ist mit mir? Wie kann ich ihnen sagen, wie *ich* mich fühle?

11. Kapitel: Wenn Delfine tanzen

Ich werfe einen heimlichen Blick in den Werkraum, um Ms Staindl und Max beim Arbeiten zuzusehen. Sie sitzen in der sogenannten „Gefühlsecke“. Da gibt es einen großen Spiegel und überall liegen Bildkarten mit verschiedenen Gesichtsausdrücken: wütend und traurig, glücklich und unglücklich, lustig, müde, hungrig und ängstlich.

„Ich glaube, du bist wütend“, sagt Ms Staindl zu Max. Sie fragt ihn niemals: „Max, bist du wütend?“, denn sie weiß, dass Max es nicht weiß. Sie zeigt Max sein Spiegelbild und dann zeigt sie ihm das Bild zu „wütend“. Max schüttelt den Kopf.

„Ich glaube, du bist müde“, sagt Ms Staindl als Nächstes und zeigt ihm das Bild zu „müde“. Aber Max schüttelt den Kopf.

„Ich glaube du bist … aufgeregt.“ Sie sieht Max an. Er schüttelt den Kopf.

„Ich glaube, du bist hungrig.“ Diesmal hat Ms Staindl recht. Max nickt.

„Ich glaube, du bist hungrig“, wiederholt Ms Staindl zur Sicherheit und hält zur Bestätigung den Daumen hoch. „Gut!“

Sie öffnet Max' Arbeitsmappe, holt ein Kärtchen mit den Wörtern ICH MAG heraus und befestigt es mit einem Klettbandstreifen auf der Rückseite der Mappe. Dann gibt sie Max die Mappe zurück. Er sucht darin das Wort KUCHEN, greift nach dem Wortkärtchen und legt es an die ICH MAG-Karte an. „Kuchen" ist sein Lieblingswort und Max lächelt. Er und Ms Staindl führen eine Unterhaltung mit Wortkarten.

„Nach dem Mittagessen kannst du ein Stück Kuchen haben." Ms Staindl erwidert Max' Lächeln und holt noch mehr Wortkarten heraus. ES IST ZEIT ZUM MITTAGESSEN. Jetzt nimmt sie Max' Hand.

„Komm mit!", sagt sie dann und Max folgt ihr, um gemeinsam mit ihr seine Pausenbrotdose zu suchen.

Als die beiden weg sind, setze ich mich vor den Spiegel in der „Gefühlsecke". Da gibt es ein Plakat mit einem Gesicht und drüber steht das Wort „Gefühle". Ich betrachte alle Bildkarten und dann betrachte ich mein Gesicht im Spiegel. Wenn Ms Staindl *mich* gefragt hätte: „Ich glaube, du bist …?", hätte ich geantwortet, dass ich traurig bin.

Ich weiß nicht, warum ich so traurig bin, aber es ist so, fast die ganze Zeit. Das traurige Gefühl geht einfach nicht weg. Obwohl Max immer mehr dazulernt, obwohl er mit mir reden kann, indem er auf Fotos und Wörter zeigt, obwohl er nicht mehr so oft Wutanfälle kriegt und nicht mehr halb so oft wie früher meine Schulaufgaben oder Mamas Blumen oder meine geheimen Sachen kaputtmacht, bin ich noch immer traurig.

Ich wünschte, ich könnte morgens wach werden und lächeln wie die Sonne, wenn sie durchs Fenster scheint. Oder wie der kleine Jake, der sich fast den ganzen Tag selber anlächelt. Sogar Max lächelt mehr, weil er lernt zu warten, bis er dran ist, zu teilen und zu spielen. Wenn ich ihm zuschaue, wie er einen Ball wirft, wie er auf einem Balken balanciert oder sich an einem Klettergerüst entlanghangelt, weiß ich, dass ich wegen Max traurig bin und dann fühle ich mich noch trauriger.

„Mama, hast du Max lieber als Jake und mich?“, frage ich Mama, als ich mich fertig mache zum Schlafengehen.

„Nein.“ Mama sieht überrascht aus. „Wie um alles in der Welt kommst du denn darauf?“

„Ach, nur so“, sage ich, denn ich weiß es ja selber nicht.

„Liebe kann man nicht messen oder zählen wie …“ Mama sucht nach einem passenden Vergleich. „Wie ein Stück Schnur oder das Mehl für einen Kuchenteig oder wie oft man an einem Tag umarmt wird. Liebe ist immer da." Ich glaube, Mama versucht meine Gefühle zu ergründen, aber ich möchte sie ihr nicht zeigen, also drehe ich meinen Kopf zur Seite.

„Aber Max ist anders", versuche ich zu erklären. „Er braucht deine ganze Liebe."

„Max braucht unsere Hilfe, und das kostet Zeit. Das weißt du doch." Ich kann die Verzweiflung in ihrer Stimme hören.

„Dann wünschte ich, mit mir wäre auch was nicht in Ordnung", sage ich mit schwacher Stimme. „Damit ihr euch genauso viel um mich kümmern würdet wie um ihn."

„Ach, Ali." Mama umarmt mich ganz lange und fest. „Wir haben dich doch nicht weniger lieb als Max. Wir lieben dich genauso sehr wie ihn."

Seitdem bemüht sich Mama, mehr Zeit mit mir und Jake zu verbringen. Am Wochenende überredet sie Papa, etwas zu unternehmen, was wir seit ewigen Zeiten nicht mehr gemacht haben. Mama sagt, wir fahren zum Strand.

Normalerweise nehmen Mama und Papa zu besonderen Anlässen zwei Autos, wie zum Beispiel zu Taniques Geburtstag, als unsere ganze Familie zu ihrer Märchen-Piraten-Party eingeladen war. Oder wenn wir zu Opa und Oma fahren. Papa nennt das zweite Auto unseren „Notfallwagen". Nur für den Fall, dass Max einen Ausraster hat und sich nicht mehr einkriegt und Mama ihn nach Hause bringen muss. Das erledigt immer Mama, denn sie kann das besser, meint Papa. Beim letzten Mal, als er das gesagt hat, war Papas Stimme ein bisschen zittrig. Das war, als Max beim Anblick eines Weihnachtsmanns einen Ausraster hatte und Mama ihn allein nach Hause bringen musste.

Aber dazu wird es dieses Wochenende nicht kommen, denn Mama hat grade eben gesagt: „Und wir fahren nur mit einem Auto." Sie schaut mich an und lächelt. „Ist das nicht eine gute Idee?"

Papa und ich sehen das anders.

„Doch", sagt Mama. „Wir nehmen für uns alle nur ein einziges Auto. Wir werden einfach mal so sein wie jede normale Familie auch."

Und genauso machen wir es auch. Unser Auto ist vollgepackt mit unserem Riesenpicknickkorb und unserem Sonnenschirm, Papas Brett zum Wellenreiten und einem Berg von Handtüchern. Wir fahren aus der Stadt hinaus, kurven übers Land und fahren die Hügel hinunter, deren Formen mich immer an große, braune Wale mit flacher Stirn und gerunzelten

Augenbrauen erinnern. Mama und Jake zählen die vielen Kookaburras, die hoch oben auf den Stromleitungen sitzen und den Boden absuchen. Dann zählen sie die gigantischen, schwarzen Futtersilos und die großen, runden Heuballen.

Ich sehe als Erste das Meer – eine dünne, blaue Linie, die dunkler als der Himmel ist, am Ende der Landstraße. Aber ich sage nichts, denn auch Max liebt das Meer, also überlasse ich es ihm, es als Erster zu entdecken. Max zeigt mit dem Finger darauf und macht seine Laute dazu.

Die Luft riecht nach Salz und Fisch, genauso wie ich es in Erinnerung habe, und nicht nach Gras und Kühen, wie ich es von zu Hause kenne. Es sind wieder Yachten unterwegs und ein Hubschrauber kreist wie eine Libelle, weit draußen über dem Wasser. Die vorbeituckernden Boote hören sich an wie brummende Käfer.

„Vielleicht kommen ja heute die Delfine", sagt Mama, als sie das Auto abschließt. Ich habe ihr erzählt, dass sie beim letzten Mal scheu waren.

„Fahren wir mit einem Boot?", frage ich schnell.

„Nein, Liebes, ich glaube nicht, dass das was für Max wäre."

„Woher willst du denn wissen, dass die Delfine kommen?"

„Ich weiß es gar nicht“, sagt Mama, „aber hoffen kann ich es ja trotzdem.“

Max zieht sofort seine Kleider aus, aber hier ist das egal. Er läuft die Düne hinunter und wird immer schneller. Max fängt an zu schreien, weil er glücklich ist.

„Aaaahhhh!“, macht er und läuft mit ausgebreiteten Armen herum, als wenn er ein großer Vogel wäre. Wenn wir auf einer kleinen Insel wären, könnte er laufen und laufen und niemand müsste hinter ihm herrennen. Er könnte einfach einmal rund um die Insel laufen, bis er wieder bei uns ankäme. Aber Australien ist nun mal ein großer Kontinent. Max würde ewig brauchen, bis er einmal rum wäre, also muss ich ihm doch wieder hinterherlaufen.

Es geht mal wieder los! Ein weiterer Max-Marathon. Sobald Max merkt, dass ich ihm hinterherrenne, läuft er sogar noch schneller.

„Mi… mi… mi…!“, ruft er ausgelassen.

„Das ist nicht witzig, Max!“ Ich fange an, nach Luft zu schnappen, aber Max ist nicht zu bremsen.

„Komm her, Max. Gehst du mit schwimmen?“, ruft Papa uns hinterher. Das bringt ihn wieder auf den Boden zurück.

„Ali, du auch?“, fügt Papa hinzu. Aber ich möchte nicht.

Papa und Max gehen ins Wasser, bis zu einer grünblauen, flachen Stelle, wo Papa noch stehen kann, aber Max schon nicht mehr.

Sie machen Rückenschwimmen. Papa lässt sich auf dem Rücken treiben und hält Max so zwischen seinen Knien fest, dass Max' Kopf auf seinem Bauch liegt, damit Max sich aufs Schwimmen konzentrieren kann.

Max mag Rückenschwimmen nicht so gern wie Kraulen. Sobald er kann, dreht er sich um und taucht mit dem Kopf mehrmals unter und wieder auf und strampelt mit den Beinen Wasserfontänen in die Luft.

„Strample nicht so wild!", schreit Papa, denn Max schlägt nur heftig mit den Füßen statt mit dem ganzen Bein.

Max liebt es, unter den Wellen hindurchzutauchen. Er ist wendig wie eine Robbe im Wasser, wirbelt Blasen auf, wenn er untertaucht und kommt mit einem Lächeln wieder nach oben. Manchmal folgt er Papas Anweisungen, manchmal aber auch nicht und er schwimmt davon wie ein Fisch, sodass Papa ganz schön schnell sein muss um ihn wieder einzuholen. Im Wasser fühlt sich mein Bruder frei. Plötzlich wünsche ich mir, ich wäre wie Max und hätte keine Angst vor dem Meer.

Ich steige wieder die Düne hoch und schaue durch Papas Fernglas. Meine Augen brennen, weil ich schon wieder so traurig bin – aber vielleicht ist es auch das Salz in der Luft. Ich blinzle aufs Wasser. Die Oberfläche des Meeres kräuselt sich und darin spiegeln sich an einigen Stellen die Sonne und der Himmel. Wenn da draußen Delfine sind, möchte ich die Erste sein, die sie sieht.

Weit draußen gibt es zwei Bojen, eine grüne und eine rote, die wie Verkehrszeichen auf einer unsichtbaren Straße aussehen. Das ist der Weg, den unser Boot genommen hat, beim letzten Mal, als ich hier war. Menschen brauchen Verkehrszeichen, aber ich glaube kaum, dass Delfine so was nötig haben. Wahrscheinlich benutzen sie ganz andere Zeichen, vielleicht die Sonne, die Sterne und den Mond, oder vielleicht sind die Wasserströmungen für sie wie Autobahnen. Ich frage mich, wie weit die Delfine schon rumgekommen sind, und denke darüber nach, wo sie schon überall waren, und was sie schon alles gesehen haben.

Eine lange Zeit starre ich unverwandt aufs Wasser. Manchmal glaube ich, etwas hochschnellen zu sehen, und ich bin sicher, dass *sie* das sind, beim Abtauchen, aber ich irre mich. Ich wünsche mir so sehr, dass die Delfine kommen, dass ich meinen Augen nicht mehr trauen kann. Weiter draußen ist das Wasser dunkler und ich sehe nur die springenden Schatten kleiner, gekräuselter Wellen. Es *sind* keine Delfine da draußen, so viel kann ich erkennen.

„Ali, möchtest du ein Sandwich?“, ruft Mama. Sie baut mit Jake eine Sandburg.

„Nein, danke.“ Ich habe Angst, dass die Delfine kommen und ich sie verpasse, wenn ich auch nur einen Moment nicht hinsehe.

Als ich mich wieder dem Meer zuwende, sehe ich einen grauen Fleck knapp unterhalb der Wasseroberfläche. Diesmal ist es keine Welle! Ich versuche, mit dem Fernglas diese Stelle zu finden, erwische aber stattdessen Max und Papa. Ich muss ein Büschel Seegras gesehen haben.

Mir wird ganz flau im Magen und ich fange an zu schwitzen. Gerade, als ich aufgeben will, sehe ich ihn wieder – einen grauen Streifen! Nicht bloß einen – zwei, drei, vier, fünf Schatten, die plötzlich Gestalt annehmen und zu beweglichen Körpern werden, die sich über den Wellen erheben, alle ordentlich in einer Reihe. Die Delfine sind da und bewegen sich geradewegs auf uns zu!

„Mama, Papa, Max, Jake! Die Delfine sind da!“

„Wo?“

„Da!“ Während ich renne, zeige ich auf sie.

Max und Papa sehen die Delfine – und die Delfine sehen Max und Papa. Sie haben keine Angst, und sie kommen näher. Sie reiten auf den Wellen heran, verschwinden in der schäumenden Gischt, erheben sich aus dem weißen Wasser und tauchen wieder ab.

„Seht nur!" Ich laufe bis zum Rand des Meeres und bleibe stehen. Papa hebt Max auf seine Schultern und Max zappelt und streckt den Zeigefinger aus, während Papa seine Beine festhält, damit er nicht ins Wasser fällt.

„Komm rein!", ruft Papa mir zu, aber ich schüttle den Kopf und mache einen Schritt zurück, denn ich habe schon ein paar Wasserspritzer abbekommen.

„Du brauchst keine Angst zu haben." Mama steht jetzt neben mir und hat Jake auf dem Arm. „Die tun uns nichts."

Aber ich gehe nicht hinein.

Papa hebt Max wieder ins Wasser und ein Delfin löst sich von dem Rudel und schwimmt vorsichtig noch näher heran. Der Delfin schaut Max prüfend an und beschließt, dass er in Ordnung ist. Einen Moment lang lässt er sich neben Max treiben, dann dreht er sich plötzlich auf die Seite, gibt einen kurzen Blick auf seinen weißen Bauch frei und taucht ab. Er kommt auf der anderen Seite von Max wieder hoch und wirbelt Wasser in die Luft. Stumm schaut er Max nochmals genau an, bis Max in die Hände klatscht. Der Delfin gluckst, als würde er lachen und bringt damit auch Max zum Glucksen. Es sieht so aus, als würden die beiden sich gegenseitig Witze erzählen.

Die anderen Delfine ziehen Kreise, aber dieser eine bleibt, wo er ist. Er hält den Kopf über Wasser und schnattert.

Der Delfin gibt an Max gerichtete Laute von sich und Max macht mit seiner Stimme die Töne des Delfins nach. Gemeinsam pfeifen und schnalzen sie, sie summen und klicken und machen Geräusche wie eine quietschende Tür. Wenn Max sich nach rechts bewegt, wendet sich auch der Delfin nach rechts. Wenn Max untertaucht, taucht auch der Delfin unter. Wenn Max sich umdreht, dreht auch er sich um.

Max spricht mit dem Delfin und der Delfin antwortet ihm. Es ist ihm egal, dass Max nichts anhat. Und dass er keine richtigen Wörter benutzt. Und dass er eigenartige Bewegungen macht. Er versteht Max auch so. Der Delfin mag Max so, wie er ist. Er schießt vorwärts und rückwärts durchs Wasser, steht aufrecht auf seiner Schwanzflosse, dreht sich und taucht spritzend unter und Max folgt ihm. Als Max sich an der Rückenflosse des Delfins festhält, lässt er es zu und zieht ihn behutsam durchs Wasser. Max

lacht so viel, wie wir ihn noch niemals zuvor haben lachen hören.

„Komm schon, Ali!“, ruft Papa nochmal. Ich gehe einen Schritt vorwärts. Das kalte Wasser schäumt um meine Knöchel. Ich kann meine Füße nicht mehr sehen und ein Schauer läuft mir über den Rücken. Das Wasser zieht mich hinein. Ich kann den Sog der Brandung spüren.

„Ich kann nicht.“ Ich schaue hinüber zu Max und er schaut zurück. *Komm nur, Ali. Es ist ganz leicht. Versuch's einfach,* scheinen seine Augen und sein Lachen zu sagen. Ich gehe noch einen Schritt vorwärts und der Sand reibt zwischen meinen Zehen.

Da tritt Papa neben mich und dann auch Mama und die beiden nehmen mich links und rechts an den Händen. Ich hole tief Luft und gemeinsam mit Jake gehen wir in die Wellen hinein.

„Ist das nicht ein neugieriger, kleiner Kerl?“, sagt Papa, als wir alle bei Max angekommen sind.

Jetzt wühlt der Delfin mit der Schnauze Wasser auf, zielt genau in mein Gesicht und spritzt mich voll. Ich sehe, wie er mich mit einem Auge mustert. Es ist ein freundliches Auge, aus dem jede Menge Schalk und Übermut blitzen. Ich kann mir nicht vorstellen, dass diese Augen jemals gemein sein könnten oder dass der Delfin jemals etwas Böses denken würde.

„Du kannst ihn ruhig streicheln. Er beißt nicht", sagt Mama sanft.

Ich strecke meine Hand aus, lasse sie über den Körper des Delfins gleiten und fühle seine kalte, weiche Haut. Und alles, was ich fühle, ist tiefes Staunen.

„Tan tan, pi mi." Max bespritzt mich mit Wasser und zieht mich zu sich heran.

Der Delfin verschwindet mit klickenden Lauten und gebogenem Rücken. Er taucht wieder auf und stößt aus seinem Blasloch einen Wasserschwall aus, taucht wieder unter, dreht sich auf die Seite und scheint zu grinsen. Ich mache ein paar Schwimmzüge und der Delfin schwimmt neben mir und stupst mich dabei mit der Schnauze an. Dann macht er plötzlich einen schnellen Satz, taucht unter und saust im Zickzack durch das Blau auf die andere Seite von uns. Ich lache fast genauso viel wie Max, als der Delfin durch das Wasser schießt, wieder zu Max zurück und erst ihn, dann mich anschiebt und den Kopf auf unsere Knie legt, damit wir ihn noch etwas streicheln.

„Tan. Tan…z…z…z…" Max' Lippen formen ein Wort. „Tan…z…z…"

Der Delfin nickt, als wolle er Max zustimmen.

„Mama …" Ich höre als Erste, was Max sagt.

„Tan…z…z…, tan…z…z…", sagt Max wieder und wieder.

„Mama, ich glaube, Max sagt ‚tanzen'!"

Tränen laufen Mama übers Gesicht. Auch Papa weint, aber zugleich lachen sie. Dann springt Max schon wieder in die Wellen hinein.

„Tan, tan…z…z…!", ruft er und der Delfin gluckst, bewegt sich nach hinten und nickt wie verrückt.

„Tanzen. Tanzen." Auch Mama und Papa sausen wie wild durchs Wasser. Mama hält Jake hoch in die Luft, als sie wie die Verrückten durch die Gischt springen.

„Tanzen. Tanzen." Ich stimme mit ein und spritze mit vollen Händen Wasser in die Luft. Das Meer ist für uns wie sprudelnde, blaue Limonade.

Am Abend, als wir müde sind und ganz klebrig vom Salz und vom Sand, und als die Sonne im Meer versinkt, klettern wir langsam die große Düne hinauf, um uns auf den Heimweg zu machen. Als wir halb oben sind, bleibe ich stehen und schaue zurück.

Die Bucht liegt wie hingegossen da, das Wasser leuchtet rot.

Ich kann die Delfine gerade noch sehen: kleine, schwarze Punkte, ganz weit draußen in der Ferne. Eins, zwei, drei, vier, fünf – die Delfine biegen sich wie lächelnde, graue Regenbogen, als sie durch die Wellen tauchen, bevor sie ganz verschwinden.

Max hat recht, sie sehen wirklich so aus, als würden sie tanzen.

„Das müssen wir unbedingt noch mal machen", sagt Papa. Er trägt Jake auf seinen Schultern und legt den Arm um Mama.

„Morgen?“, frage ich lachend.

„Vielleicht nächstes Wochenende“, verspricht Papa. Dann verzieht er das Gesicht. „Oh nein! Wo ist der Autoschlüssel?“

„Den hast *du* zuletzt gehabt.“ Mama wirft Papa einen warnenden Blick zu.

„Ich?“ Papa blickt dahin zurück, von wo wir gekommen sind. „Wäre das nicht schrecklich, wenn ich ihn im Sand liegen gelassen hätte?“

„Ja!“, sagen Mama und ich wie aus einem Mund. Aber Papa hat die Hand schon in der Tasche.

„Na, was für ein Glück, dass ich ihn hier habe!“, sagt er und grinst.

Mama gibt ihm einen Klaps und auch ich schlage nach ihm. Aber wir müssen beide grinsen. Und dann nehme ich Max an der Hand und wir jagen den restlichen Sandhügel hinauf, genau wie jede andere normale Familie auch.